JN245871

弁護士が法的根拠をもとに解説

ケアマネの業務範囲がちゃんとわかる本

外岡 潤 =編著
（介護・福祉系弁護士）

流山市介護支援専門員
連絡会=編集協力

中央法規

ケアマネの本来の姿を取り戻すために

　本書は、介護現場の課題解決に特化した弁護士が、居宅ケアマネジャー（ケアマネ）の業務範囲を法的観点から整理し、ケアマネの本来業務と範囲外業務を明らかにしたものです。

　併せて、本来業務か否かが判然としない「グレーゾーン」業務を依頼されたとき、担当ケアマネとしてどのように対処するべきかという解説や、いわゆるカスタマーハラスメント（カスハラ）への対処法も収録し、実践的な内容となるよう心がけました。

　ケアマネの業務は「利用者の在宅生活を支えること」であり、元々グレーゾーンが広く、拡大しがちです。一人暮らしで身寄りのない高齢者が増えたことで、ますますその傾向が顕著になりました。「遠くの親戚より近くのケアマネ」とばかりに、あらゆる雑事や問題がケアマネに回ってきます。ケアマネの業務は、やろうと思えばどこまでも時間と労力をかけることができてしまいます。

　この実態は、近年になりようやく「シャドーワーク」として問題視されるようになりましたが、現役ケアマネの声を聴く限り、筆者はとても深刻な状況ではないかと危機感を抱いています。

　ケアマネのなり手は減少する一方で、ケアマネ不在による地域崩壊は始まっています。国が描いた「地域包括ケアシステム」は、実態として地域のケアマネによる無数の善意により維持されてきました。犠牲といってもよいかもしれません。

　しかし、ケアマネの主業務はケアプランの作成と他機関等との「連絡調整」です。ヘルパーや家族がいないからといって、ケアマネが自ら手足を動かし雑用を引き受けることは本来望ましいあり方ではありません。利用者のブレーンとしてのケアマネ本来の姿に、今こそ立ち返る必要があります。

　本書が、全国のケアマネの皆様の日々の悩みを解消する一助となれば幸いです。

介護・福祉系弁護士　外岡　潤

目 次

はじめに

1 これってケアマネ業務？ ケアマネ業務の実際と考え方

1 遠くの親戚より近くのケアマネ！？…002
2 法的にみたケアマネ業務…003
3 現実的な難しさ…007
4 グレーゾーン業務の根本的な解決の難しさ…008
5 葛藤しながらも決断していくケアマネ…009

2 ケアマネ業務のきほん

1 インテーク…012
2 アセスメント…014
3 ケアプラン作成…017
4 サービス担当者会議…019
5 ケアプランの交付・支援の実施…023
6 給付管理…024
7 モニタリング…026
8 終結…029

3 36の事例でわかる！グレーゾーン業務の見極め方

1 日常生活への対応

①通帳の記帳や預金引き出し…033
②印鑑の預かり…037
③公共料金等の支払代行…041
④失禁発見時の対応（直接的なケア）…045
⑤薬の受け取り…049
⑥生活用品の買い物…053
⑦郵便物の仕分け…057
⑧入院時の準備・付き添い…061
⑨安否確認（見守り支援）…065
⑩介護保険以外の行政手続き…069
⑪マイナンバーカードの申請・管理…073
⑫近隣住民とのトラブルの仲介…077
⑬消費者トラブルへの対応…081
⑭ゴミ屋敷への対応…085

2 ケアマネ業務に近接する手続きへの支援

①通所リハビリテーションの見学申込書の代筆…089
②介護保険施設の入所申込書の代筆…093
③医療費等の申請や支払い手続きの代行…097
④障害者手帳の申請・変更手続きの代行…101

3/ 緊急時の対応

①勤務時間外の連絡…105
②利用者や家族からの緊急訪問依頼…109
③救急車への同乗…113
④手術同意書への署名…117
⑤ライフライン停止時の対応…121
⑥災害時の避難支援…125
⑦一人歩き(徘徊)時の引き取り…129
⑧死亡後の手続き(葬儀の手配)…133

4/ 家族への対応

①家族からの相談への対応…137
②精神疾患のある家族への対応…141
③ヤングケアラーへの対応…145
④仕事と介護の両立への支援…149
⑤家族による虐待の発見時の対応…153
⑥入所時等のペットの引き取り手…157

5/ その他のグレーゾーン業務に つながる状況への対応

①サービスを利用するお金がない場合…161
②サービス利用中の利用者の体調悪化…165
③セルフ・ネグレクトへの対応…169
④つなぐ先の社会資源がない場合…173

4 困った！　こんなときどうする？ クレーム、ハラスメントへの対応

1 介護現場におけるクレーム、ハラスメント…182

2 ハラスメントの種類…183

3 クレームとカスハラの違い…186

4 介護現場のカスハラの傾向と対策…188

5 認定の問題──どこからがカスハラなのか？…191

6 ハラスメントへの対処法──予防から解除まで…194

おわりに

著者紹介、編集協力

1

これってケアマネ業務？
ケアマネ業務の実際と考え方

筆者は、介護トラブル解決に特化した弁護士として、高齢者施設の利用者の転倒事故や利用者・家族からのハラスメント、虐待、成年後見制度にまつわる問題等さまざまな案件に対応してきました。そのなかでもケアマネジャー（以下、ケアマネ）、特に在宅のケアマネ（いわゆる「居宅」）から寄せられる相談は、**解決が困難で一筋縄ではいかないケースが多い**です。ケアマネジメント業務を同時進行でこなしつつ、利用者の私的な問題にまで広くかかわらなければならないケアマネのみなさんの大変さを知るたびに、頭が下がる思いです。

1 遠くの親戚より近くのケアマネ！？

　「遠くの親戚より近くの他人」という言葉がありますが、現代は「遠くの親戚より近くのケアマネ」であるようです。「一人暮らし高齢者の多い地域では、自然と担当ケアマネが家族の役割を担うようになり、**本来の業務ではない仕事が際限なく増えてしまう**」ということは以前から聞いていましたが、私はせいぜい「病院搬送への付き添いや入院同意書にサインを求められる程度かな」と思っていました。

　ところが、ある認知症者の離設・行方不明事件を弁護士として担当したとき、利用者の担当ケアマネが「この辺では、認知症利用者が行方不明になったりすると警察やお店からケアマネに電話がかかってくる。勤務時間外でも緊急事態なのでケアマネが探しに行かざるを得ない」と実情を教えてくれ、愕然としました。

　考えてみれば、少子化・高齢化に伴い核家族化、「お一人様」が増えつつあることは明らかであり、これまで、サザエさん一家のような「家族」が担ってきた役割を誰かが肩代わりしなければ、高齢者が一人住み慣れた地域で暮らしていくことは不可能です。

　しかし、一方で、当然のことですがケアマネは利用者の家族などではありません。あくまで契約により、<u>**専門職としてかかわるわけですから請け負う業務にも限界はあります。**</u>

2 法的にみたケアマネ業務

　では、法的にみてケアマネの本来の業務範囲はどのように区切られるのでしょうか。法令には次のとおり定められています。

> **▶介護保険法第7条第5項**
> 　この法律において「介護支援専門員」とは、要介護者又は要支援者からの相談に応じ、及び要介護者等がその心身の状況等に応じ適切な居宅サービス（中略）を利用できるよう市町村、居宅サービス事業を行う者（中略）等との**連絡調整等を行う者**であって、要介護者等が自立した日常生活を営むのに必要な援助に関する専門的知識及び技術を有するものとして（中略）介護支援専門員証の交付を受けたものをいう。

　ここで、キーワードは「**連絡調整**」です。すなわち、ケアマネは自らが動いて利用者の問題を解決するのではなく、オーケストラの指揮者のように問題ごとに各関係機関を指揮し、利用者につなげることが本来の役割といえるでしょう。しかし、これだけでは手がかりになりません。ケースごとに解釈を交え、あるいは別の法律や考え方を駆使する必要がある場合もあります。

例えば、次のような事例ではどのように考え、行動すべきでしょうか。3つの選択肢から1つ、自身の考えに近いものを選んでください。

あなたは、利用者のAさん（80歳、要介護2）を担当するケアマネです。

Aさんと同居する娘のBさんは母親思いですが、心配性ですぐ電話をかけてきます。ある日、いつものようにケアマネがBさんからの電話を受けると、「今朝から母（Aさん）が熱っぽくて心配です。様子を見に来てください」と言います。確認すると「平熱は36度だが、今は36度8分ある」とのこと。

その日のケアマネのスケジュールはモニタリングや会議が重なっており、とても立ち寄ることはできません。そこで「今日は予定でいっぱいなので、行けないんです」と答えたところ、Bさんの態度が豹変し「ケアマネのくせに利用者のことが気にならないんですか、薄情者！ 前のケアマネはすぐ飛んできてくれましたよ。もし、母が手遅れになったら責任とってくれるんですか」と激昂されました。

ケアマネとしてどのように対応すべきでしょうか？

選択肢1 利用者のことが不安な家族の思いは無視できないので、何とか予定をやりくりして言われたとおりに訪問する。

選択肢2 「自分では判断できないので、事業所の管理者にお尋ねください」と、役割をほかの人に振る。

選択肢3 ケアマネとしての業務範囲ではないため、伝え方に注意しながらお断りする。

　いかがでしょうか。絶対の正解というものは存在しませんが、筆者は以下の理由から「**3**」が正しい選択と考えます。

　1…スケジュールを変更することでほかの利用者や関係者に迷惑をかけてしまいます。仮に予定が空いていたとしても、このような要望がエスカレートし、複数もちかけられたりすれば、いつかケアマネ業務は破綻してしまうでしょう。この点、利用者や家族のために尽くしたいという思いが強い熱心な人ほど、心配してどのような要望でも応えようとしてしまうため、注意が必要です。**いい意味で「ドライ」になることも、プロの心構えとして重要な要素**といえるのです。

　2…問題をたらい回しにするだけで解決にならず、Bさんの不満を余計に増幅させてしまいます。状況を詳しく把握していない管理者も困ってしまいますね。

　3…ケアマネの業務範囲は前述のとおりあくまで連絡調整であるため、家族に求められたからといって利用者の様子を見に行く必要は原則としてありません。ただ、いざ自分がその立場におかれると、断るという選択はなかなか勇気の要ることですよね。この点を掘り下げたいのですが、問題は「**①どのような判断基準で『行かない』と決めるのか**」また「**②その伝え方**」です。順番に見ていきましょう。

❶ 判断基準について

　本事例で、もし利用者の熱が38度台等の高熱で、たまたますぐ立ち寄ることができるという状況であれば、利用者の生命・身体を守るために例外的に応じるということも考えられます。あくまでケアマネの業務は連絡調整であり、医療職のように急患の元へ駆けつける義務まではないのですが、やはり担当ケアマネであり利用者家族からSOSを受けた以上、何もしないというわけにはいかないという点は読者のみなさんにとっても特段、異存のないところかと思います。

　では、利用者の生命や身体の安全が危険である等、いわゆる緊急事態

とはどのように範囲を区切るべきでしょうか。この点につき法令上明確な指針等はなく、ケースバイケースとなりますが、本事例のように家族が心配性である場合は、特に**事前に話し合い、決めておくこと**（例：一般に新型コロナウイルス等が疑われる指標となる37度5分を超えたときは緊急事態とする等）が重要です。そこまで話し合うのであれば、そもそも「ケアマネではなく主治医や訪問看護ステーションに連絡する」といった手順まで決めておくことができるでしょう。

　すべてを事前に予期して決めておくことは難しいですが、このように**予防の観点から先手を打っていくこと**がポイントです。

❷ 伝え方について

　「私の仕事ではないので、行けません」とストレートに伝えるのでは、家族との信頼関係が崩れてしまいます。ここがケアマネの業務範囲を論じるうえで難しいところです。「現実は、理想や理屈どおりにはいかない」ということを常に意識し、そこへの手立てを考えなければ、あっという間に極論や机上の空論になってしまいます。

　本事例では、次のような言い回しが考えられます。

　Bさんがお母様を心配なさるお気持ちはよくわかりますし、私もすぐ様子を見に伺いたい思いではあります。しかし、ケアマネの業務は、居宅サービス計画の作成・他事業者等との連絡調整が主となるため、ケアマネが前面に出て日常的な見守りやモニタリング以外の訪問をすることは本来想定されていないのです。前任のケアマネがどこまで対応していたかは把握しておりませんが、おそらく法令やルールを守る（コンプライアンス）観点からは望ましい対応ではなかったといえるものと思います。

　　私は今日もほかのご利用者様の訪問をはじめ、本来の業務をこなさなければならないため、もしお熱が上がるようでしたら訪問看護や往診の先生につなげたいと思います。

　　今はまだ36度台ということですので、ほかに息切れがする、ぐったりしているといった異常が特段ないようであれば、もうしばらく様子を見てみるということでもよろしいかと思います。もちろん、ご自身のご判断で救急搬送等を申請していただくことも可能ですが、いかがいたしましょうか。

　ポイントは、「**コンプライアンス（法令遵守）」という言葉を意識的に使い、常に法令に従うスタンスをつくること**と、最終的には相手方に選択を委ねること（医療機関に連絡しても構わない、と告げること）です。

　つい感情的になり、「私だって都合があるし、忙しいんです！　その程度の熱なら大丈夫ですよ」等と言ってしまうとBさんとの関係は険悪になりますし、電話を切った後でもし本当に容態が悪化しても「ケアマネに大丈夫と言われた」という理由で救急搬送等につなげなかった場合、医療的判断をしたとして責任を問われるおそれも考えられます。

　相手の思いをまずは受け止め、傾聴し、「受容と共感」をすることが大切です。トラブルに対処するときは、先手を打ち、**受容と共感で信頼関係を築き、最後に法令遵守で正しいあり方を伝え、理解を求める**という流れが効果的です。

❸ 現実的な難しさ

　……と、法令に基づく「正しい」理論と実践的対処法の解説でしたが、ここまで読まれたみなさんはどう思われたでしょうか。

「そのとおりだと思う。利用者や家族のわがままやエスカレートする要求に付き合うことはできない。**我々はボランティアではない**のだ」という賛同の声もあれば、

「そんな冷たい態度をとったら、利用者側との信頼関係はすぐに失われてしまう。理屈は別として、**グレーゾーンであれば原則として対応するのがケアマネの業務と解すべき**であるし、それこそがケアマネに求められる資質である」という人もいることでしょう。

あるいは、「そもそも、とっさにそんなにスラスラと説明の言葉が出てくることなんて弁護士でもない限り不可能だ。急に家族から懇願されたら、普通は『うーん、そうですか。次の予定が迫っているんだけど、困ったな……。でも、5分で行けるから、今回は例外ということで、とりあえず行って様子を見てみよう！』等となし崩し的に応じてしまうもの。当事者の立場からすれば利用者や家族からのプレッシャーは、とてつもなく大きいことをこの筆者はわかっていない」と思われたかもしれません。

4 グレーゾーン業務の根本的な解決の難しさ

実はここが本書で扱う課題の最難関部分であり、言ってしまえば身も蓋もない話になるのですが、要するに**ケアマネのグレーゾーン業務の問題は結局のところ「誰かがやらなければどうにもならない」**という部分が大いにあります。

法令を根拠に「ケアマネの仕事ではないから断るべき」と結論づけることは簡単にできます。また、その伝え方や理論武装もやろうと思えば可能です。実際に、あまりの負荷の強さに危機感を抱き、業務外に振り分けたものは徹底して断るようにしているという事業所も出てきていることでしょう。

しかし、そのようにグレーゾーン業務（本事例では利用者宅への様子見）を断ったところで、何が解決するのでしょうか。担当ケアマネとして

は確かに余分な業務が減り、その分疲弊せずに済みます。ただし、結局**目の前の利用者やその家族の悩み（ニーズ）は放置されたまま**です。

　その困り具合は千差万別かもしれませんが、「少なくともこの家族は困っており、ケアマネである私に助けを求めている。そのような状況で**利用者・家族を見捨てるわけにはいかない**」という判断決定を、最後の最後でしてしまうという人も、結局は多いのではないかと思うのです。

　逆説的な話になりますが、筆者は、その考え方や姿勢こそが「福祉」の真髄であり、「ケアマネ」という専門職の最も大切な、核となるスピリットであると思います。

5 葛藤しながらも決断していくケアマネ

　困っている人を見たら放っておけない性格。福祉の世界ではそうした優しい人が多く、ほとんど条件反射的に人助けをしてしまうような人こそがこの世界に向いているともいえるでしょう。もちろん、その考え方、行動原理は決して問題などではなく、むしろ大切にすべきものであると考えます。しかし、矛盾することをあえて書きますが、**「正しい」ことがいつも「よい（望ましい）」こととは限らない**のです。

　そのように最大限頑張り続けるスタンスでは、現実問題として、対応する業務が増え、その分時間と労力がかかります。そこに輪をかけて在宅分野では人員不足、ケアマネ全体の高齢化、厳しい更新条件や研修等々、負担がのしかかってきます。そのようななか、どこまでケアマネ一人ひとりが自分自身の理想を実現できるかが、秒単位で問われているのが実務の現状なのだろうと想像します。

　平たくいえば、「ケアマネの業務外とわかっていても、自分しか助けられる人がいないから（自分がやりたいかやりたくないかは別として）やらざるを得ない」ということなのでしょう。

このような葛藤があるなかで、現実は地方にいくほど訪問介護事業所等が不足し、介護の社会資源が枯渇し、のっぴきならない状況が急速に進行しつつあります。「ヘルパーがいない以上、ケアマネが無償でやるしかない」といった状態が続けば、ケアマネという職業自体が成り立たなくなってしまうでしょう。

　……このように考えていくといつまでもぐるぐると同じ筋道を辿ることになるのですが、一ついえることは、「この問題は**言葉（法令）で、すぱっと割り切れる性質のものではなく、常に葛藤が付きまとう**」ということです。そのため、本書に書かれていることも絶対の答えとして受け止めず、最終的にどうするかは読者のみなさん一人ひとりが考え、決断しなければならない、ということを念頭においていただきたいと思います。とはいえ、全く拠るべき指針や根拠がなければ途方に暮れてしまいますね。そこで本書を参考書としてお手元に置き、困ったときに参照いただけると嬉しいです。

※ 2024（令和6）年12月12日、厚生労働省は「ケアマネジメントに係る諸課題に関する検討会」中間整理において、法定業務とそれ以外の業務の概括的な分類を示し、後者については「地域全体で対応を協議すべき」としました。

2

ケアマネ業務の
きほん

本章では、ケアマネ業務をインテークから終結まで、指定居宅介護支援等の事業の人員及び運営に関する基準（以下、運営基準）第13条に則って解説します。以降、断りのない条項は、すべて運営基準を意味しています。

　ケアマネの主な業務は、ケアプランの作成・運用と、関係機関との調整です。しかし、その内容は多岐にわたるためグレーゾーンが存在し、「ケアマネが当然してくれるものと思っていた」と考える利用者等とのトラブルが生じがちです。

　利用者や家族と信頼関係を築くためにも、まずは、自分たちの仕事範囲をしっかり把握して、「できること・できないこと」を確認し、伝えていきましょう。

1 インテーク

　利用者とのケアマネジメント契約後、利用者や家族の基本情報を聞き取る初回面談を指します。相談者の氏名・年齢・家族構成・居住環境などの基本的な情報を聞き取り、今後の支援のための基礎情報とします。利用者側との信頼関係を築くことも大切な目標の一つです。

ケアマネが行うこと

- ☐ 居宅介護支援事業所やケアマネの役割・できることを説明する
- ☐ 重要事項説明書の説明をし、同意を得る
- ☐ 個人情報の利用にあたり、同意を得る
- ☐ ケアマネジメント契約をする
- ☐ 利用者の基本情報を聞き取る
- ☐ 保険者に利用者が居宅サービス計画（介護予防サービス計画）作成の依頼届出をできるよう支援する

▶運営基準第13条第2号

　指定居宅介護支援の提供に当たっては、懇切丁寧に行うことを旨とし、利用者又はその家族に対し、サービスの提供方法等について、理解しやすいように説明を行う。

▶運営基準第13条第18号

　介護支援専門員は、介護保険施設等から退院又は退所しようとする要介護者から依頼があった場合には、居宅における生活へ円滑に移行できるよう、あらかじめ、居宅サービス計画の作成等の援助を行うものとする。

実務で気になる Q & A

Q　退院時にケアマネジメント契約を行う場合、自宅ではない場所（病院等）でインテークをしてもよい？

A　○ 自宅でインテーク（面談）することが原則ですが、「自宅を掃除できていない」などの理由で、自宅以外の場所で面談をする場合もあります。施設から退院・退所する場合、事前に自宅に福祉用具の搬入等を行い、自宅で面談できるように調整する場合もあります。

Q　本人と会わずに家族のみと話を進めてもよい？

A　△ 原則は、本人に直接説明し、同意を得て、契約を結ぶ必要がありますが、利用者の心身状況によっては、利用者と一度も面談せずにキーパーソンと契約を結ぶ場合もあり得ます。

Q　一人暮らしの人、入院中の人から、インテークにあたって、自宅の片づけなどの支援をお願いしたいと言われたら応じてよい？

A　✕ 「介護保険制度上、ケアマネ業務は居宅サービス計画の作成、他事業者等との連絡調整が主となります。ケアマネが利用者様・

家族様の便宜のため、日常の雑務や見守り、日常的な電話による安否確認、買い物、外出支援等を代行することはできません」と契約時点から法令遵守の必要性を説明し、断るべきです。

> **コラム** **自宅訪問の際のマナーについて**
>
> 　利用者・家族は、ケアマネの所作や言葉づかいをよく見ていますし、聞いています。以下の点は最低限気をつけましょう。
>
> 1. 約束時間を守る。
> 2. 玄関でチャイムを鳴らす前にコート等の上着を脱いでおく。
> 3. 靴をそろえて上がる。
> 4. 通された部屋で名刺を渡し、あいさつをする。
>   （畳の縁を踏まない、仏壇に背を向けない、座布団を踏んで歩かない、スリッパで畳の部屋に上がらない、折れ曲がった名刺を渡さない等）。
> 5. 携帯電話はマナーモードに設定しておく。

2 アセスメント

　インテーク等の情報収集で得た利用者や家族の状況、生活環境を踏まえ、利用者から、生活に関する要望等を引き出します。今後のケアプラン作成に際し、課題となる事柄や支援のポイントを把握するための手続きです。初回に限定されるインテークと違い、必要に応じて、繰り返し実施されます。

　利用者が自立した生活を送るうえで解決すべき課題を明らかにするとともに、その阻害要因を分析し、解決や目標達成のための手段を考えます。

ケアマネが行うこと

- ☐ 利用者の自宅を訪問し、利用者・家族と面接をする
- ☐ 利用者・家族の生活に対する意向等を聞く
- ☐ インテーク等で得た情報や利用者・家族の意向等を踏まえて課題を分析する
- ☐ 自立を阻害する要因、解決すべき課題を明らかにする
- ☐ 地域の複数のサービス提供事業者の概要や料金等を説明する

※具体的なアセスメント項目については、令和2年度厚生労働省老人保健事業推進費補助金（老人保健健康増進等事業）「適切なケアマネジメント手法の普及促進に向けた調査研究事業『適切なケアマネジメント手法』の手引き」令和3年を参考にしてください。

法的根拠

▶運営基準第13条第6号

　介護支援専門員は、居宅サービス計画の作成に当たっては、適切な方法により、利用者について、その有する能力、既に提供を受けている指定居宅サービス等のその置かれている環境等の評価を通じて利用者が現に抱える問題点を明らかにし、利用者が自立した日常生活を営むことができるように支援する上で解決すべき課題を把握しなければならない。

▶運営基準第13条第7号

　介護支援専門員は、前号に規定する解決すべき課題の把握（以下「アセスメント」という。）に当たっては、利用者の居宅を訪問し、利用者及びその家族に面接して行わなければならない。この場合において、介護支援専門員は、面接の趣旨を利用者及びその家族に対して十分に説明し、理解を得なければならない。

実務で気になる Q & A

Q アセスメントにかける時間は？

A 初回は特に聞き取りしたい情報が多いため、時間が長くなりがちです。聞きたい項目について、杓子定規に一つひとつ聞いていくのが悪いわけではありませんが、あまりに時間が長いと利用者や家族も疲れてしまいます。時と場合によりますが、平均30分程度で終わらせるとよいでしょう。必ずこれだけは聞きたいといった項目を絞っておきます。訪問の回数を重ねるなかで聞き取っていけばよい情報もあります。信頼関係を崩さないよう臨機応変に対応しましょう。

Q 経済状況や認知症の症状、排泄に関することなど、聞きにくいことはどうやって聞けばよい？

A 信頼関係が築けるまでは、なかなか聞きにくいこともあります。いきなり「あなたの年金収入はいくらですか？」なんて聞けないですよね。

経済状況に関しては、例えば、「ヘルパーさんに来てもらうと、1回30分で〇〇円、週に2回来てもらうと、1か月で〇〇円くらいかかりますが、ひと月にどのくらいの金額なら介護に費やせますか？」と予算から切り込んでもよいかもしれません。訪問回数を重ね、聞けるタイミングが来たら、年金収入額等の経済状況を把握していきましょう。

認知症の症状や排泄等について、本人を目の前にして聞きづらいことは、帰りがけに玄関の外で家族に聞いたり、後ほど電話で聞き取りさせてほしいと約束したりするとよいでしょう。本人の尊厳を守ることもケアマネの大切な責務です。

参照

▶通院、入退院等を見据えたチェックポイント（p.64へ）
▶申請・受け取り・保管等に関するチェックポイント（p.76へ）
▶救急搬送等の緊急事態に備えるチェックポイント（p.116へ）
▶利用者がペットを飼っている場合のチェックポイント（p.160へ）

❸ ケアプラン作成

　利用者ごとに、個別に介護状態の悪化防止や自立を促進するための計画（ケアプラン）を作成します。ケアプランがなければ介護保険サービスを利用できません。アセスメントをもとに必要な介護サービスを提供する各事業者等に照会を行い、サービスの種類、内容、利用回数、時間、利用料などをまとめ、ケアプランの原案を作成します。

　これを利用者や家族に説明し、希望に沿ったものになっているかを確認し、同意を得たうえでケアプラン原案を完成させます。

▶ ケアマネが行うこと

☐ アセスメント結果を踏まえ、ケアプラン原案を作成する
☐ 必要なサービス提供事業者と連絡調整をする
☐ 主治医と連絡調整をする
☐ インフォーマルサポーター（家族、知人・友人、民生委員等）と連絡調整をする
☐ 提供するサービスの種類、内容、利用料等を利用者・家族に説明し、同意を得る
☐ 災害時等の緊急時の対応（緊急避難所の場所など）を確認しておく

▶運営基準第13条第3号

　介護支援専門員は、居宅サービス計画の作成に当たっては、利用者の自立した日常生活の支援を効果的に行うため、利用者の心身又は家族の状況等に応じ、継続的かつ計画的に指定居宅サービス等の利用が行われるようにしなければならない。

▶運営基準第13条第4号

　介護支援専門員は、居宅サービス計画の作成に当たっては、利用者の日常生活全般を支援する観点から、介護給付等対象サービス以外の保健医療サービス又は福祉サービス、当該地域の住民による自発的な活動によるサービス等の利用も含めて居宅サービス計画上に位置付けるよう努めなければならない。

▶運営基準第13条第5号

　介護支援専門員は、居宅サービス計画の作成の開始に当たっては、利用者によるサービスの選択に資するよう、当該地域における指定居宅サービス事業者等に関するサービスの内容、利用料等の情報を適正に利用者又はその家族に対して提供するものとする。

▶運営基準第13条第8号

　介護支援専門員は、利用者の希望及び利用者についてのアセスメントの結果に基づき、利用者の家族の希望及び当該地域における指定居宅サービス等が提供される体制を勘案して、当該アセスメントにより把握された解決すべき課題に対応するための最も適切なサービスの組合せについて検討し、利用者及びその家族の生活に対する意向、総合的な援助の方針、生活全般の解決すべき課題、提供されるサービスの目標及びその達成時期、サービスの種類、内容及び利用料並びにサービスを提供する上での留意事項等を記載した居宅サービス計画の原案を作成しなければならない。

実務で気になる Q & A

Q インフォーマルサポートも必ず、ケアプランに位置づける必要はある？

A 必ず位置づけなくてはならない、というものではありません。ただし、すでに家族や近隣住民、友人、民生委員等からの定期的なサポートや利用者自身ができること（セルフケア）がある場合は、それを可視化するためにもケアプラン（第2表　居宅サービス計画書(2)）に記載しておくほうがよいでしょう。あらかじめ体制を整えておくことで業務範囲外の雑務を減らすことができます。

Q ケアプランの作成料金については、どのように説明すればよい？

A ケアプランの作成にかかる利用者の自己負担はありません（2025（令和7）年2月時点）。そのため、「ケアプランの作成の費用は、介護保険から賄われますので、自己負担は発生しません」と伝えておくとよいでしょう。ただし、介護報酬改定の議論では、有料化の動きもあります。最新の情報を確認したうえで、利用者に説明できるよう準備しておきましょう。

4 サービス担当者会議

　ケアプラン原案を作成し、サービス調整を行った後、ケアプランの確定に向けてケアマネがサービス担当者会議を開催します。利用者、サービス提供事業者の担当者、主治医などの関係者を集め、各支援者間の情報共有、利用者・家族の意向や課題の確認等を行います。サービス担当者会議は、利用者の状態像の変化などにより、ケアプランを変更する際にも開きます（いわゆる軽微な変更を除く）。ケアマネは主催者なので、関係者を招集したり、司会進行を行ったりするなどの中心的な役割を担います。

ケアマネが行うこと

- ☐ 本人・家族、サービス提供事業者の担当者、主治医、インフォーマルサポーター等の参加調整を行い、サービス担当者会議の開催案内を送付する
- ☐ サービス担当者会議の参加者にケアプラン原案等の必要書類を送付する（もしくはサービス担当者会議時に配布する）
- ☐ 医療サービスを検討する際は、主治医の指示や意見を事前に確認する
- ☐ 欠席者の意見を事前に確認しておく
- ☐ サービス担当者会議で司会進行を担い、支援内容への意見や留意事項、役割分担等を確認する
- ☐ サービス担当者会議での検討結果を踏まえて、ケアプランを修正する
- ☐ ケアプラン（本案）をサービス提供事業者や主治医に送付する
- ☐ 各サービス提供事業者へ個別サービス計画書作成、提出の依頼をする

▶運営基準第13条第9号

　介護支援専門員は、サービス担当者会議（介護支援専門員が居宅サービス計画の作成のために、利用者及びその家族の参加を基本としつつ、居宅サービス計画の原案に位置付けた指定居宅サービス等の担当者（以下この条において「担当者」という。）を招集して行う会議（テレビ電話装置その他の情報通信機器（以下「テレビ電話装置等」という。）を活用して行うことができるものとする。ただし、利用者又はその家族（以下この号において「利用者等」という。）が参加する場合にあっては、テレビ電話装置等の活用について当該利用者等の同意を得なければならない。）をいう。以下同じ。）の開催により、利用者の状況等に関する情報を担当者と共有するとともに、当該居宅サービス計画の原案の内容について、担当者から、専門的な見地からの意見を求めるものとする。ただし、利用者（末期の悪性腫瘍の患者に限る。）の心身の状況等により、主治の医師又は歯科医師の意見を勘案して必要と認める場合その他のやむを得ない理由がある場合については、担当者に対する照会等により意見を求めることができるものとする。

▶運営基準第13条第10号

　介護支援専門員は、居宅サービス計画の原案に位置付けた指定居宅サービス等について、保険給付の対象となるかどうかを区分した上で、当該居宅サービス計画の原案の内容について利用者又はその家族に対して説明し、文書により利用者の同意を得なければならない。

実務で気になる Q & A

Q 主治医がサービス担当者会議に参加できない場合は、どのように対応すればよい?

A どうしても参加が難しい場合には、事前に意見を聞き、当日に主治医の意見を全体の議論に反映できるように調整しておくことが求められます。オンラインでなら参加可能という場合もあるため、主治医が参加しやすい方法を確認しておくことも重要です。医療的な対応が求められる利用者の場合、主治医の意見がケアプランの要となることもあるため、日程調整の段階から、主治医の参加できる日程を確実に押さえられるよう心がけておくことが必要です。

Q サービス担当者会議の議事録(第4表　サービス担当者会議の要点)はすべてのサービス提供事業者に送付する必要がある?

A ケアプランに携わるすべてのサービス提供事業者と共有することが望ましいでしょう。サービス担当者会議での決定事項を文書で示しておくことが必要です。いつ、誰が、何をするのかの役割分担を各事業者が理解し、認識に齟齬がないようにしましょう。

Q サービス担当者会議への参加を本人、家族が拒否している場合は、どのように対応すればよい?

A 運営基準上、「サービス担当者会議への本人、家族の参加は、基本」とされていますが、義務ではありません。本人、家族がサービス担当者会議への参加が苦痛になったりする場合には、無理強いせず、事前に意見を聞いておき、多職種に共有できるようにしておくといった対応は可能です。ただし、サービス担当者会議に利用者、家族が参加することで、直接自分の希望を伝えられることや、各専門職の意見を聞くことで、支援の方向性をよりよく理解できることなど、参加のメリットを伝えることも必要です。利用者、家族の負担を減らし、会議の一部分にだけ参加してもらうなど、参加しやすい方法も探ってみましょう。

5 ケアプランの交付・支援の実施

　ケアマネは、完成したケアプランを利用者・家族に交付します。サービスの提供が開始すると、ケアマネはサービス提供事業者や医療機関、関連機関との連絡調整を都度行い、利用者に対して適切なサービスが提供されているかを確認します。

　なお、例えば、デイサービスの利用に関して考えても、ケアマネの「業務」はきりがありません。複数のデイサービス提供事業者のなかから利用者に合う事業者を利用者が選定できるよう支援し、見学を申し込んだり、サービス提供初日の現地確認をしたりなど……やろうと思えばいくらでも「業務」があります。このあたりが、いわゆる「グレーゾーン業務」が最も生じやすい領域であるといえるでしょう。

ケアマネが行うこと

☐ ケアプランを利用者・家族に交付する

☐ サービス開始にあたり、サービス提供事業者等と連絡調整をする

☐ 利用者へのサービス提供状況を確認し、必要があればケアプランの変更等を検討する

▶運営基準第13条第11号

介護支援専門員は、居宅サービス計画を作成した際には、当該居宅サービス計画を利用者及び担当者に交付しなければならない。

▶運営基準第13条第12号

介護支援専門員は、居宅サービス計画に位置付けた指定居宅サービス事業者等に対して、訪問介護計画（指定居宅サービス等の事業の人員、設備及び運営に関する基準（平成11年厚生省令第37号。以下「指定居宅サービス等基準」という。）第24条第1項に規定する訪問介護計画をいう。）等指定居宅サービス等基準において位置付けられている計画の提出を求めるものとする。

▶運営基準第13条第13号

介護支援専門員は、居宅サービス計画の作成後、居宅サービス計画の実施状況の把握（利用者についての継続的なアセスメントを含む。）を行い、必要に応じて居宅サービス計画の変更、指定居宅サービス事業者等との連絡調整その他の便宜の提供を行うものとする。

6 給付管理

ケアマネの重要な業務の一つが給付金の管理です。1か月単位で利用者が利用したサービス分の介護給付費を国民健康保険団体連合会（国保連）に請求するための書類を作成します。

ケアマネが行うこと

☐ ケアプランどおりにサービスが提供されているかを確認し、不明点が生じた場合には、サービス提供事業者等に確認する

☐ 給付管理票等の必要書類を作成し、国保連に提出する

▶運営基準第14条第1項

　指定居宅介護支援事業者は、毎月、市町村（委託している場合は国民健康保険団体連合会）に対し、居宅サービス計画において位置付けられている指定居宅サービス等のうち法定代理受領サービス（中略）として位置付けたものに関する情報を記載した文書を提出しなければならない。

▶運営基準第14条第2項

　指定居宅介護支援事業者は、居宅サービス計画に位置付けられている基準該当居宅サービスに係る特例居宅介護サービス費の支給に係る事務に必要な情報を記載した文書を、市町村（委託している場合は、当該国民健康保険団体連合会）に対して提出しなければならない。

実務で気になる Q & A

Q 長期目標期間終了後に同内容で更新したケアプランについて、サービス提供事業者に送付するのを忘れてしまった。サービス提供事業者も気づかずにそのままサービスを続行していたが、減算になる？

A ケアプランを作成した際には、「利用者及び担当者に交付しなければならない」と運営基準で定められています。サービス種別や内容に大きな変更がなかったとしても、サービス提供期間やサービス利用回数に変更があった場合に、サービス提供事業者（担当者）への交付をしなければ、運営基準減算になる可能性があります（なお、保険者によっては「軽微な変更」として判断する場合もあるかもしれませんが、軽微であってもケアプランを変更した場合には、利用者、サービス提供事業者へ交付しておくほうが確実でしょう）。

7 モニタリング

　ケアプランどおりのサービスが提供されているかどうか、立案した目標の達成度、利用者・家族からの要望とズレがないかなどの確認を少なくとも1か月に1度、定期的に行います。

ケアマネが行うこと

☐ 1か月に1回以上は、利用者の自宅を訪問し、ケアプランの実施状況や目標の達成度合い等を確認する

☐ 利用者の自宅に訪問できない場合、利用者等の同意を得たうえで、テレビ電話等を活用して利用者と面接を行う

☐ モニタリングの結果を記録する

法的根拠

▶運営基準第13条第14号

　介護支援専門員は、第13号に規定する実施状況の把握（以下「モニタリング」という。）に当たっては、利用者及びその家族、指定居宅サービス事業者等との連絡を継続的に行うこととし、特段の事情のない限り、次に定めるところにより行わなければならない。

イ　少なくとも1月に1回、利用者に面接すること。

ロ　イの規定による面接は、利用者の居宅を訪問することによって行うこと。ただし、次のいずれにも該当する場合であって、少なくとも2月に1回、利用者の居宅を訪問し、利用者に面接するときは、利用者の居宅を訪問しない月においては、テレビ電話装置等を活用して、利用者に面接することができるものとする。

(1)　テレビ電話装置等を活用して面接を行うことについて、文書により利用者の同意を得ていること。

(2)　サービス担当者会議等において、次に掲げる事項について主治の医師、担当者その他の関係者の合意を得ていること。

（ⅰ）　利用者の心身の状況が安定していること。

（ⅱ）　利用者がテレビ電話装置等を活用して意思疎通を行うことができること。

（ⅲ）　介護支援専門員が、テレビ電話装置等を活用したモニタリングでは把握できない情報について、担当者から提供を受けること。

ハ　少なくとも1月に1回、モニタリングの結果を記録すること。

実務で気になる Q & A

Q ショートステイを頻繁、長期間に利用しており、自宅に帰ることが少ない利用者へのモニタリングはどのようにすればよい？

A 利用者が自宅におらず、物理的に自宅でのモニタリングができない場合は、ショートステイ先の施設で面談をします。その際、施設職員にも話を聞き、サービス提供状況や本人の様子などを確認しておくとよいでしょう。なお、ショートステイの長期間の利用には、施設への入所等の検討が必要です。長期間になっている事情を勘案し、ケアプランの見直しも検討します。

Q 担当ケアマネが新型コロナウイルスに感染し、1か月間、自宅に訪問できない場合はどのようにすればよい？

A 担当以外のケアマネが代理で訪問し、利用者の状況をモニタリングする必要があります。ケアマネの都合でモニタリングができないことは、運営基準に定める「特段の事情」には当てはまらないと考えられます。

Q 災害等により、利用者が自宅にいることができない場合、どのようにすればよい？

A 利用者が避難している、親戚宅や近隣の病院、福祉避難所等で面接をします。

参照

▶認知症に伴う一人歩きに対するチェックポイント（p.68へ）
▶行方不明時の事故やトラブルを減らすためのチェックポイント（p.132へ）

8 終結

利用者の死亡や入院、施設入所や要介護度の軽減による自立などが理由で、ケアプランによるサービス提供が必要なくなった場合は、ケアマネジメントは終結します。

ケアマネが行うこと

- ☐ モニタリング、再アセスメントの結果等を踏まえて、支援の継続や終結を判断する
- ☐ 利用者が施設入所等を検討する場合には、介護保険施設を紹介するなど便宜を図る
- ☐ 利用者の転居・死亡等の場合、契約終了の手続きをする
- ☐ 支援経過記録に終結の旨を記す
- ☐ 各種記録は終結後2年間は保存する

法的根拠

▶運営基準第13条第17号

介護支援専門員は、適切な保健医療サービス及び福祉サービスが総合的かつ効率的に提供された場合においても、利用者がその居宅において日常生活を営むことが困難となったと認める場合又は利用者が介護保険施設への入院又は入所を希望する場合には、介護保険施設への紹介その他の便宜の提供を行うものとする。

実務で気になる Q & A

Q どのような場合に契約を解除できる？

A 契約解除の条件は、利用者側と交わす利用契約書に書かれています。解除規定は契約のなかの一条項であるため、極端に利用者の権利利益を制限するような内容でなければ、法的に有効と認められ、ある程度自由に定めることができます。次のような規定が一般的です。

> 第○条
> 事業者は、利用者の著しい不信行為により契約を継続することが困難となった場合は、その理由を記載した文書により、この契約を解除することができる。

この場合、「何が著しい不信行為」に該当するか具体的なエピソードを指摘し、この条文に当てはまるから解除をするということを説明しなければなりません（p.200の契約解除通知の文例をご覧ください）。

最終的に、そのエピソードや経緯全体が「著しい不信行為」に該当するか否かは、裁判所で判決を下してもらうしかないということになります。しかし、普通は裁判を起こし、判決までいくことはないため、解除は究極的には「できるかできないか」ではなく「やるかやらないか」という問題であるといえるでしょう。

一方で、利用者側から契約を解除できる場合についても、通常、契約書に条文がありますが、次のような場合が典型的です。

・ケアマネが正当な理由なく、居宅介護支援を提供しなかった場合
・ケアマネが守秘義務違反をした場合
・故意・過失により利用者、家族の身体・財産・信用を傷つけるまたは不信行為があった場合

3

36の事例でわかる！
グレーゾーン業務の見極め方

1 >> 日常生活への対応…033

2 >> ケアマネ業務に近接する
手続きへの支援…089

3 >> 緊急時の対応…105

4 >> 家族への対応…137

5 >> その他のグレーゾーン業務に
つながる状況への対応…161

1

① 通帳の記帳や預金引き出し

　Aさん（84歳、男性）は、一人暮らし。**認知症はありません**。大腿骨頸部骨折後、訪問介護等を活用しながら暮らしています。ケアマネがモニタリングで訪問すると、「**手元にお金がないから、この通帳でお金を引き出してほしい。ついでに記帳もしてくれないかな。家族は遠方だし、残高を知られたくないし**」と頼まれました。

Q. あなたなら、どのように対応しますか？

 「1回だけですよ！内緒ね！」と言って対応する。

 ヘルパーに銀行まで同行してもらうよう手配する。

正解：　**B**

判断のポイント：
　ケアマネの業務はあくまで他事業所等との連絡調整。利用者のために自らが動いて対応することは業務範囲外！

選択肢の解説

A　「ケアマネとして」ではなく、あくまで一個人として対応することは法的には不可能ではありませんが（民法上、委任として引き受けることが考えられます）、一度例外をつくってしまうとそれが定例となり、中止することが難しくなります。金銭管理にかかわることは、**窃盗や横領の疑いをかけられる等のリスクを伴う**ため、応じるべきではありません。

B　ケアマネの業務は他事業所等との「連絡調整」とケアプランに基づくケアマネジメントが主であり、個人的な金銭管理にかかわることは業務範囲外となります。
　ヘルパーが外出介助として利用者に付き添うことは可能です。しかし、ヘルパーがお金を引き出す手続きや操作まで代行したり、補助したりすることはできません。ケアマネと同様、金銭管理にかかわることは窃盗や横領の疑いをかけられる等のリスクを伴うためです。本事例では、Aさんに認知症はなく自分で手続きできるため、本人が行える体制を整えます。**「金融機関での手続きや操作はご自身で対応してくださいね。わからなければ案内係にお手伝いしてもらいましょう」** などと伝えておくとよいでしょう。

ちょっと深掘り！

利用者が、金融機関に行くことができ、本人がATMを操作できる場合	必要であれば**訪問介護や介護タクシーによる外出支援**をプランニングします。
利用者が、お金の管理自体を希望する場合	社会福祉協議会で「**日常生活自立支援事業**」という名称で、金銭管理の支援をしています。管轄の社会福祉協議会や地域包括支援センターに聞いてみましょう。
今後のお金の引き出しについて継続的に相談を受けたとき	プリペイドカードの使用、銀行引き落とし等を提案します。実際に手続きをするのではなく、**金銭管理のプランニングや助言をする等の間接的なかかわり**は「自立した日常生活を営むのに必要な援助」の範囲に含まれるため、問題ありません。

法的根拠

▶介護保険法第7条第5項
▶指定居宅介護支援等の事業の人員及び運営に関する基準（以下、運営基準）第13条第13号

　介護保険法第7条第5項にはケアマネの定義として「**要介護者等が自立した日常生活を営むのに必要な援助に関する専門的知識及び技術を有するもの**」とされており、ケアマネは「自立した日常生活を営むのに必要な援助」として直接的に介護保険にかかわる内容でなかったとしても、「連絡調整」を軸としたサポートをすることはできる、と理解することができます。

　また、ヘルパーも同様に利用者の通帳管理等を主体的に行うことはできません（「訪問介護におけるサービス行為ごとの区分等について」（平成12年3月17日老計第10号厚生省老人保健福祉局老人福祉計画課長通知））。そのため、Bの解説のような案内の仕方になります。

気軽に利用者の金銭管理に手を出してしまうと、後から外部の親族等に**横領等のあらぬ疑いをかけられるリスク**があります。例えば、Aさんに依頼されケアマネが10万円を銀行から引き出したとします。封筒に入れ確かに10万円を渡したのですが、後日「封筒に9万円しか入っていなかった。1万円盗っただろう」とAさんとその家族に言われてしまいました。このようなとき、ケアマネはどのような事態に見舞われるのでしょうか。

法的には、民事においては被害を主張する側、刑事では犯罪を立件する側（警察や検察）が1万円を盗んだことを立証する責任があります。その意味ではケアマネ側で積極的に無実を証明する必要はありません。しかし、警察が動けば警察署に呼び出され、数時間も質問されるなど、同僚や事業所に多大な迷惑がかかるでしょう。このような事態を避けるためには、「**金銭管理には一切手を出さない**」と初めから決めておくに限ります。

事前にケアマネの業務について、利用者に十分理解してもらうため、重要事項説明書に下記のような記載を加えておくことも大切です。

■重要事項説明書への記載例　＜ケアマネジャーの業務範囲＞

> 介護保険制度上、ケアマネジャーの業務は居宅サービス計画の作成・他事業者等との連絡調整が主となります。
> ケアマネジャーがご利用者様・ご家族様の便宜のため、日常の雑務や見守り、日常的な電話による安否確認、買い物、外出支援、金銭管理等を代行することはできません。ケアマネジャーが、ご利用者様の通院に付き添ったり、送迎したりすることは、生命の維持にかかわるような緊急やむを得ない場合を除き、できません。付き添い等が必要な場合は、訪問介護等の別サービスを利用してもらう必要があります。

金銭管理は、貴重品の紛失、横領の疑い等の深刻なトラブルにつながりかねないため、かかわらない！

1 >> 日常生活への対応

② 印鑑の預かり

　Bさん（91歳、男性）は一人暮らしで、軽度認知障害です。妻は逝去し、頼れる家族は他県在住の長男のみです。しかし、キーパーソン（契約上は身元引受人）の長男は仕事が多忙で、ケアマネが自宅を訪問する際に同席できないことが多いです。

　毎月のモニタリング時に、ケアマネがBさんにサービス利用票（第6票）への確認印をお願いすると、毎回「印鑑をどこに置いたかわからない……」と困っていました（手に力が入らず自署は難しい）。そのことを長男に伝えると「100円ショップで印鑑を買うのでケアマネに預かってもらいたい。必要なときにケアマネのほうで押してほしい」と依頼されました。

Q. あなたなら、どのように対応しますか？

A 「しょうがないですね」と印鑑を預かり、言われたとおりに押印する。

B 印鑑を預かることは業務上できないことを本人と長男に伝え、印鑑は自宅の決められた場所に置くようにして、Bさんに押印してもらう。

正解： **B**

判断のポイント：

　印鑑は契約の一方当事者の意思表示であり、形式上押してあればよいというものではない。

選択肢の解説

A サービス利用票には利用者（被保険者）の同意欄が設けられており、こちらに利用者ないし、利用者家族の代筆による署名または押印が必要となります（2021（令和3）年に厚生労働省より示された新様式では利用者確認欄が削除されていますが、多くの事業所で同意欄を含む様式を使用しています）。

　利用者本人が直筆で署名できるのであれば、それが唯一の筆跡であることから本人同意の証となり、押印は不要となります。一方で、ほかの人が名前を書き込むような場合は最低限、本人の意思表示の証として押印が必要となります。

　本事例では、契約書における主体（当事者）がBさんである以上、ケアマネがBさんの代わりに印鑑を預かり、押印することはできません。仮にBさんの許可があったとしても契約の他方当事者であるケアマネが押印をすることは無効となります。Bさんの許可がなければ**有印私文書偽造罪（刑法第159条第1項）**に問われかねません。

B 気軽に印鑑を預かったり、押印したりしてしまうことで後々あらぬクレームにつながる可能性もあります。

　　法令上も違反する行為であることを自覚し、**利用者や家族に丁寧に説明すること**が大切です。見た目は変わらなくとも、そのプロセスを重視し「たかが判子、されど判子」と認識するようにしましょう。それがコンプライアンス（法令遵守）を大切にする姿勢であるといえます。

ちょっと深掘り！

> **長男に、ケアマネが代行できない旨の説明を受け入れてもらえないとき**

あくまでコンプライアンスを曲げることはできないことを改めて伝え、**身元保証人を別の親族等に交代してもらうこと**を提案する等、別の解決策を模索します。

地域包括支援センター等他機関の協力も仰ぎ、説得を試みますが、ほかに方法がなく長男に考えを改めてもらえない場合は、最終手段として、やむを得ず事業所側から**契約解除**することも考えられます。

> **Bさんの認知機能が低下し、本人から契約の同意を得ることが難しくなったとき**

本来であれば、長男に家庭裁判所への**成年後見人の選任申立て**を行ってもらい、後見人に契約や押印等を一手に引き受けてもらうということになります。しかし、現実的にそのような対応が望めないときは、地域包括支援センターや役所に相談し、ほかの手段を検討します。例えば、長男から電子メールで承諾の返答を送信してもらい、それをもって同意に代えるということができるかもしれません（運営基準第31条には、交付、説明、同意、承諾について、書面で行うことが規定されているものについて、**電磁的方法**によることができると定められています）。

法的根拠

▶**介護保険法第7条第5項**　　▶**運営基準第13条第10号**
▶**運営基準第31条（電磁的記録等）**
▶**刑法第159条第1項（有印私文書偽造罪）**

　刑法では、次のとおりに定められています。「行使の目的で、他人の印章若しくは署名を使用して権利、義務若しくは事実証明に関する文書若しくは図画を偽造し、又は偽造した他人の印章若しくは署名を使用して権利、義務若しくは事実証明に関する文書若しくは図画を偽造した者は、**3月以上5年以下の拘禁刑に処する**」。

　よかれと思って行ったことでも、勝手に押印や署名をしたりすることは違法となります。

印鑑を預かることで、その印鑑を紛失するリスクが生じ、さらにはその紛失した印鑑を第三者に悪用されるといった事態になる危険性があります。また、印鑑以外の財布や鍵などほかの貴重品も預かってほしいと言われる等、**依頼がエスカレートする**おそれもあります。

コラム **成年後見制度の活用**

本事例のような貴重品の管理に限られませんが、認知症等と診断され、身のまわりのことができなくなったときは、法的には**成年後見人**をつけることが考えられます。認知症の程度にもよりますが、少なくとも自らのとる行動の意味を認識、理解していないとみなされる場合は民法上、意思能力が認められず、その行為は無効とされます（民法第3条の2）。

成年後見人は、**①法定後見**と**②任意後見**に分かれます。①はすでに判断能力がない人について家庭裁判所に申立て、家庭裁判所に後見人となる人を選任してもらう方法です。

被後見人となる利用者の判断能力の程度により3段階に分かれます。軽いものから順に補助人、保佐人、後見人となりますが、本事例のような軽度認知障害の場合は補助人または保佐人がつくことになるでしょう。いずれにせよ、本人以外に法的な根拠に基づく人が増えることは心強く、あらゆる手続きがスムーズになります。

また、本人の認知症が軽度であり自分で判断できると認められる場合は、②の方法が可能です。こちらは公証役場に依頼し、本人が選んだ後見人候補者と後見契約を交わすことになります。①と違い、確実に自分の選んだ人に後見人になってもらうことができる点でおすすめです。

 **署名や押印は、その人が意思表示をしたことを示すもの。ケアマネが管理・押印することは許されない！**

1（**3**）公共料金等の支払代行

　Cさん（74歳、女性、要介護2）は、一人暮らしで身寄りもありません。持病のパーキンソン病があり、訪問介護で、買い物や調理の支援を受けています。ケアマネがモニタリングで訪問した際、「明日までに、電気料金を銀行に支払いに行かないといけない。ただ、体調もよくないので、今回だけは代わりにお願いできないでしょうか……」と相談がありました。

Q. あなたなら、どのように対応しますか？

A 訪問介護事業所に相談し、外出支援サービスで本人が銀行に行けるよう調整し、本人に支払いに行ってもらう。

B 本人の切羽詰まった訴えや支払い期限が迫っていることもあり、今回に限り、対応する。

正解： **A**

判断のポイント：
　ケアマネが実際に利用者の手足となり、動くことはできない！　切羽詰まった状況であったとしても、原則どおり業務範囲外として断る。

A　ケアマネの業務の中核は、「連絡調整等」（介護保険法第7条第5項）に限られ、ケアマネが自ら利用者に付き添い、あるいは振込を代行することはできません。そのため、Aの対応が適切といえます。本人が銀行に行くことが難しい場合は、ヘルパーに代行を依頼することが考えられます。

　ただし、ヘルパーによる公共料金の支払い代行は、**「直接、本人の日常生活の援助に属しないと判断される行為」**（「訪問介護におけるサービス行為ごとの区分等について」平成12年3月17日老計第10号）に分類されるとして、不可とする場合と、「日常生活の援助の一環に該当するので問題ない」とする場合が考えられます。この点は保険者により判断が異なることもあるので、事前に確認するとよいでしょう。

　訪問介護だけでなく、**市町村社会福祉協議会や民間事業者等が実施している支払い代行**等も利用できる場合があります。日頃から利用者の地域にある社会資源を把握しておくことが重要です。

B　本事例では、「自分が動かなければCさん宅の電気が止められてしまうかもしれない」という危機感があり、つい応じてしまうという人も多いかもしれません。しかし、あくまでケアマネの本来の業務である連絡調整等を基本に対応を考えることが重要です。利用者の生命にかかわる危険性があるような特殊な場合を除き、原則として応じるべきではありません。

ちょっと深掘り！

| 訪問介護を利用していないとき | 自費サービスや社会福祉協議会など公的機関の運営するシルバーサービス、親戚や信頼できる友人に頼む等が考えられます。 |

| 真夏・真冬等、電気の使用が生命にかかわる場合 | 支払いが多少遅れたところで、ただちに自宅への電気供給がストップすることはないと思いますが、最悪の場合どうなってしまうのか電力会社等に電話で確認すること |

が考えられます。万策尽き、ケアマネ自身が動かなければ解決しないといった場合は、やむを得ず対応することもあるかもしれません。しかし、それはあくまでその場限りの例外であり、そもそもこのような切羽詰まった事態に陥らないよう、料金を口座引き落としに変えてもらう等の事前策を利用者と一緒に検討しておくことが望ましいといえます。

法的根拠

▶介護保険法第7条第5項
▶「訪問介護におけるサービス行為ごとの区分等について」（平成12年3月17日老計第10号厚生省老人保健福祉局老人福祉計画課長通知）　2　生活援助

　ヘルパーが行う生活援助に含まれないこととして、「直接、本人の日常生活の援助に属しないと判断される行為」があります。解説でも述べたとおり、生活援助の範疇を超えると判断される場合、ヘルパーに依頼することは難しいため、ほかの方法を考える必要があります。

　ケアマネが代わりに電気料金の振り込みをすることで、電気料金以外にも、毎月の支払い代行を依頼されるようになり、なし崩し的にその他の仕事を押しつけられるおそれがあります。また、公共料金の支払い代行をする際、ケアマネのポケットマネーであったとしても、利用者から預かったお金であったとしても、p.34で示したように**金銭の取扱いはトラブルのもと**になります。特に支払い時に「暗証番号」を聞いたりすることで、その後の金銭トラブルが生じた際に、あらぬ疑いをかけられる危険性もあります。

> **コラム** **事務管理（民法第697条）**
>
> 　利用者の生命や身体、財産の安全にかかわる非常事態のときは、**事務管理**（民法第697条）といって本人の承諾を得ることなく自身の判断で救命等のための措置をとることができます。例えば、隣家が留守の間に大型台風が来て危険なので、屋根の補強工事をしてあげるといった事例が挙げられます。
>
> 　ケアマネの実務でいえば、利用者宅の訪問時に窓から覗いたら利用者が室内で倒れていた場合、一刻も早く救出するために窓ガラスを割ることは正当化されますし、ガラス代を弁償する必要もありません。人のためにやむを得ず何かをするときは、事務管理が成立しており免責される可能性が高いことを知っておくとよいでしょう。

 **まとめ** **生命にかかわる状況でない限り、ケアマネは、直接的な支援をすることはできない！**

1/4 失禁発見時の対応（直接的なケア）

　Dさん（88歳、男性、要介護1）は、一人暮らし。軽度認知障害ですが、身体的には自立しており、訪問介護（生活援助）と通所介護を利用しています。隣町に長女家族が暮らしており、月に1回程度、長女が孫を連れて、自宅を訪れるのを楽しみにしています。

　ある日、Dさんより突然「助けて」とケアマネの携帯電話に連絡が入り、「トイレに間に合わなくて失禁してしまった、どうしたらよいのかわからない。すぐ来てほしい」と言われました。

Q. あなたなら、どのように対応しますか？

A 急いで訪問し、着替えの準備、下着の交換をして、身体状況を確認する。

B ヘルパーに緊急訪問を依頼するなどして、ほかの人に対応してもらう。

正解： **B**

判断のポイント：

　ケアマネがヘルパーのように利用者に直接的な支援をすることはない！　ただし、脱水症状や脳梗塞で倒れたときなど、命にかかわるような緊急事態は救急搬送を手配するといった対処が必要になる場合もある。

選択肢の解説

A ケアマネの業務の中核は、「連絡調整等」（介護保険法第7条第5項）に限られます。本事例のようにケアマネが利用者の失禁対応に直接対処することは業務範囲を超えており、また、おむつ交換の手技などに慣れていないケアマネが担当すれば事故等にもつながりかねません。

　なお、本事例ではDさんは長女家族には失禁のこと等を知られたくないという思いもあるでしょう。**デリケートなテーマについては都度Dさんに確認する**ことが必要です。

B Bが正解ですが、その場ではほかのサービス事業者等につなぐなどの「連絡調整」業務を行ったとしても、その後、**利用者の状況をモニタリング・再アセスメントすること**は欠かせません。失禁のリスクがこれまで兆候として現れていなかったのであれば、利用者の失禁につながった身体的・心理的・社会的要因を検討し、新たな課題としてサービス担当者会議等で協議し、必要に応じてケアプランを見直すことも求められます。

➕ ちょっと深掘り！

| ヘルパーが緊急対応できないとき | ヘルパー不足の昨今、緊急訪問を頼める事業所がないことも考えられます。そのようなときは**訪問看護や自費サービス等代替手段を検討**します。最終的にゴーサインを出すには、**Dさんの承諾**が必要です。 |
| ヘルパーが緊急対応できないとき | ヘルパー不足の昨今、緊急訪問を頼める事業所がないことも考えられます。そのようなときは**訪問看護や自費サービス等代替手段を検討**します。最終的にゴーサインを出すには、**Dさんの承諾**が必要です。 |

失禁以外の症状も伴うとき
気分が悪い、意識がもうろうとするといった**異変があれば救急搬送も検討**します。

本人が失禁に対応できる能力がある場合
要介護度が低く、利用者自身で対応できる場合は、電話で本人の気持ちや状況を聞きつつ、本人で対処してもらうよう伝えます。

法的根拠

▶**介護保険法第7条第5項**
▶**運営基準第13条第13号**

　運営基準第13条第13号には、「介護支援専門員は、居宅サービス計画の作成後、居宅サービス計画の実施状況の把握（利用者についての継続的なアセスメントを含む。）を行い、**必要に応じて居宅サービス計画の変更、指定居宅サービス事業者等との連絡調整その他の便宜の提供を行うものとする**」と規定されています。介護保険法にも示されているとおり、ケアマネは「連絡調整」を行う職種であり、失禁の対応といった直接的なケアはできません。ただし、利用者の小さな変化を見逃さず、ケアプランの見直しを検討することは重要です。

　ケアマネが直接、下着やおむつの交換等を行うことで、利用者に怪我を負わせてしまうといった事故が生じる危険性があります。そうすると、**損害賠償請求等の民事上の責任を問われること**にもなりかねません。また、利用者の要望がエスカレートし、さらに別の直接的なケアを求められるようになると、ケアマネの本来業務に支障をきたすことになります。

 事前に、ケアマネの業務として直接的なケアはできないことを利用者・家族に伝えておくと同時に、日常生活のなかで生じる緊急時に備えておくことが必要です。

■日常生活のなかで生じる緊急時への備え

□緊急連絡先（訪問介護事業所等の電話番号等）を書いたメモを利用者に渡しておく
□緊急連絡先を大きく印刷した用紙を利用者宅に貼らせてもらう
□身体機能の低下が予測される場合、必要な支援をすぐ導入できるよう調整しておく
（例　排泄ケアの必要性が高まる状況の場合には、ポータブルトイレや自動排泄処理装置、排泄予測支援機器の活用を検討しておく）

 **直接的なケアは、ケアマネ業務の範囲外。でも、「いざ」というときに備えておこう！**

⑤ 薬の受け取り

　Eさん（85歳、女性）は、夫と二人暮らし。**膝痛が強いため、夫の付添いのもと、やっとのことで病院受診をしました。**その後、処方箋を持って薬局に向かったところ、待ち時間は1時間を超えるとのことでした。近隣に休める場所もなく、薬局で待つ体力が残っておらず、帰宅しました。

　そのとき、担当のケアマネが「困ったことがあったら、いつでも連絡してくださいね」と言っていたことを思い出し、ケアマネに電話をかけ「**処方箋は出してあるから薬を受け取ってきてほしい**」と依頼しました。

Q. あなたなら、どのように対応しますか？

A ほかのモニタリング訪問の通り道であったことから、薬局に寄って薬を受け取り、Eさん宅に届ける。

B 訪問介護事業所に協力を依頼し、その日にどうしても必要な薬であれば、ヘルパーに薬を受け取りに行ってもらう手配をする。

正解： **B**

判断のポイント：

ケアマネの業務はあくまで他事業者等との連絡調整であり、たとえ、ついでであったとしても利用者の代わりに薬を受け取ることは原則として業務の範囲外！

選択肢の解説

A 利用者の代わりにケアマネが薬の受け取りをするのは、本来の業務とは異なります。こういった事態を防ぐためには、ケアプランを立てる際などの「見立て」が重要になります。膝が痛く移動が困難な人に対して、**予測できることをケアチームで話し合い**、普段から医療機関・サービス提供事業者に必要な情報提供、提案を積極的にするようにしましょう。

B 当日ヘルパーにお願いできれば問題ありませんが、サービスが急に必要となったその日にピンポイントで導入することは難しい場合もあります。自費サービス・民間サービスを含めて幅広い選択肢を検討する必要があります。

なお、患者本人以外の人が代理人として処方薬を受け取ること自体は禁じられていません。ただし、**薬剤師法第25条の2**には薬剤師の義務として、「調剤した薬剤の適正な使用のため、販売又は授与の目的で調剤したときは、患者又は現にその看護に当たっている者に対し、**必要な情報を提供し、及び必要な薬学的知見に基づく指導を行わなければならない**」と示されており、ヘルパー等が利用者等に薬を手渡しする際には、薬剤師から聞いた薬剤の適切な使用法について説明することが望ましいと考えられます。

ちょっと深掘り！

ヘルパーが薬の受け取りに行けないとき	市町村等が提供する**有償ボランティアや自費サービス等の利用**を検討します。

| 自宅に数日分の薬があり、緊急で取りに行く必要のないとき | 緊急性が低ければ、後日、本人や家族に取りに行ってもらう、もしくは、訪問介護事業所のヘルパーに受け取りに行ってもらうよう手配します。ただし、**処方箋** |

の使用期間は、原則交付日を含めて4日以内であるため、その点を注意しましょう（保険医療機関及び保険医療養担当規則第20条第1項第3号）。

| 薬を受け取りに行く体力がなく、今後も薬の受け取りが難しいと考えられるとき | 訪問介護による薬の受け取りをケアプランに加えることや、薬剤師が自宅を訪問し、医薬品を届け、服薬の指導管理をするサービス「**居宅療養管理指導**」を検討 |

することが考えられます。また、**薬の配達をしてくれる薬局、処方箋宅配サービス**等の活用も検討します。

法的根拠

▶**介護保険法第7条第5項**　　▶**運営基準第13条第13号**
▶**薬剤師法第25条の2（情報の提供及び指導）**

多職種連携チームの一員である薬剤師の役割として、次のとおり規定されています。本来的には、薬の受け取りを代行するのではなく、利用者・家族自身が直接受け取り、薬剤師からの指導を受けられるような体制を整える方向性で支援をするべきと考えられます。

> 薬剤師は、調剤した薬剤の適正な使用のため、販売又は授与の目的で調剤したときは、患者又は現にその看護に当たっている者に対し、必要な情報を提供し、及び必要な薬学的知見に基づく指導を行わなければならない。
> 2　薬剤師は、前項に定める場合のほか、調剤した薬剤の適正な使用のため必要があると認める場合には、患者の当該薬剤の使用の状況を継続的かつ的確に把握するとともに、患者又は現にその看護に当たっている者に対し、必要な情報を提供し、及び必要な薬学的知見に基づく指導を行わなければならない。

誤った対応により生じるリスク

「事業所の近所だから」「そこまで手間に感じないから」など心優しいケアマネほどつい対応してしまいがちかもしれませんが、ケアマネが薬を受け取り、届けに行く道中で事故等に遭い、利用者に薬を届けられなくなってしまうリスク、それに伴い**利用者の体調に変化が生じるリスク**があります。

また、ケアマネが代行することで、利用者本人が薬の服薬方法等を薬剤師から直接説明を受けることができず、**誤薬につながる危険性**が高くなります。

 事例のEさんのように膝痛があり、移動の困難さが予測できる場合、移動支援や薬の受け取り、買い物などの日常生活上の代行支援がスムーズにできるように、準備しておくとよいでしょう。具体的には、ケアプランに緊急時の対応などを事前に示しておくことも考えられます。

■ケアプランへの記入例

第1表　総合的な援助の方針
・膝痛が強く、緊急的な支援が必要な場合には、○○訪問介護事業所に連絡します。
　訪問介護事業所：0123-4567-890
・外出中に膝の痛みが生じ、支援が必要になった場合には、サービス提供責任者もしくは、△△ヘルパー事業所に連絡します。
　○○ヘルパー（サービス提供責任者）：000-1111-2222
　△△ヘルパー事業所：333-4444-5555

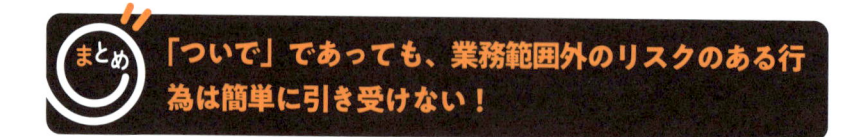

まとめ　「ついで」であっても、業務範囲外のリスクのある行為は簡単に引き受けない！

1/6 生活用品の買い物

　脳梗塞後遺症、右半身に軽度麻痺のあるFさん（83歳、男性）。一人暮らしで、要介護2の認定を受けています。訪問介護を利用し、ヘルパーに週2回、生活援助として買い物を依頼しています。モニタリング訪問の当日、Fさんからケアマネに「食材がなくなってしまった。今日の訪問の前にコンビニで夕食用のお弁当を買ってきてくれないか」と依頼がありました。次にヘルパーの支援が入るのは2日後です。

Q. あなたなら、どのように対応しますか？

 ヘルパーに訪問介護（生活援助）を臨時で依頼し、食材を届けてもらう。

 訪問のついでなので、お弁当を一つくらいなら購入して届ける。

正解： **A**

判断のポイント：
　食材が尽きていたとしても、利用者の代わりに買い物に行くことは原則として業務の範囲外！

選択肢の解説

A 訪問介護をはじめ利用できる社会資源と連絡調整し、利用者を支援するのがケアマネの仕事です。「ケアマネは買い物代行をできない」ことを伝えると同時に、どのようにすれば、利用者がその日の食事に困ることなく過ごせるのかを一緒に考える姿勢は重要です。そして、**利用者の自己決定の尊重の意味からも複数の案を提案し**、そのなかから選んでもらえるとよりよいでしょう。

B 本人が栄養失調であったり脱水症状であったりした場合、人命救助の観点から、緊急的に食材を届けるといったことを絶対にしてはいけないとは言い切れません。しかし、基本的には、ケアマネの本来業務である「連絡調整」を意識し、非常時には**救急搬送や訪問看護につなぐ**など、利用者の状況を確認し、それに応じた対応ができるようにします。

　ケアマネの役割は利用者の生活をコーディネートすることなので、このような状況に陥る前に、ケアプラン作成に際し**訪問介護による買い物サービスを増やすことや、自費の宅食サービス等を検討すること**が望ましいといえるでしょう。

ちょっと深掘り！

| 利用者が栄養失調状態のとき | すぐ食べ物や飲み物を与えなければ命にかかわるようなときは、**救急搬送を手配**します。利用者の命にかかわるとはいえない段階であれば、ケアマネが自ら対応しないようにしましょう。 |

| 訪問介護での臨時の対応が難しい場合 | 民生委員に買い物代行を頼んだり、**社会福祉協議会が実施する配食サービス**や**民間の出前・デリバリーサービス・買い物代行サービス**を利用したりすることを検討します。 |

| 家族や親しい友人等がいる場合 | 買い物の代行を頼みます。遠くに住んでいたとしても、**ネットスーパーや宅配サービス等を用いた支援**が可能かを確認します。 |

| 利用者宅の食材ストック等が度々不足する場合 | 食材確保について再アセスメントし、週2回の買い物支援では足りていないのか等、**サービス内容の過不足を精査**します。 |

法的根拠

▶介護保険法第7条第5項　　▶運営基準第13条第13号
▶介護保険法第8条第24項（関係制度や社会資源、関係機関等への連絡調整）

　「訪問介護におけるサービス行為ごとの区分等について（平成12年3月17日老計第10号厚生省老人保健福祉局老人福祉計画課長通知）」において、ヘルパーは日用品の買い物代行ができることが示されていますが、本人以外の家族にかかわる物品や嗜好品（お酒・たばこ等）の買い物を代行することはできません。

利用者に食品アレルギー等があり、ケアマネの購入した商品にそのアレルギー食材が使用されており、利用者が気づかずに食べてしまった場合には、大きな健康リスクとなります。普段から買い物代行をしているヘルパーであれば、本人の嗜好を含め、ニーズをより理解していることから、このあたりのリスクを低減できます。また、買い物に伴う金銭の受け渡しが生じることで、「おつりが足りない」「いつもより高い値段で買ってこられて困る」など金銭的なトラブル・クレームにつながる危険性もあります。

そもそも、本来訪問介護の生活援助として行う業務であるのに、ケアマネが代行してしまうと、業務に対する適切な報酬が支払われずに、**適正な給付管理の観点からも不適切**な状態になってしまうといえます。

コラム **「利用者の生命にかかわる」判断**

利用者の生命にかかわるといえるか否かは、誰がどのように判断すべきでしょうか。緊急時はもちろん相談する余裕もないでしょうから、ケアマネ個人の判断に委ねられますが、できる限り上司である主任ケアマネや利用者の担当医、看護師等に相談するようにしましょう。やむを得ず単独で行った場合は、その経緯を支援経過記録等に記載し、併せて周囲に相談できなかった事情等も記しておくとよいでしょう。

 **まとめ** **買い物代行は、ケアマネ業務範囲外であることを伝え、代替案を検討する！**

1

>> 日常生活への対応

⑦ 郵便物の仕分け

　一人暮らしのGさん（68歳、男性）は、脳血管疾患の後遺症があり、介護保険サービスの申請をし、支援が開始されました。後見人はついていません。自宅はゴミ屋敷状態で、父親の逝去の手続きも司法書士にしてもらっていましたが、土地の名義変更等の諸手続きが残っています。自宅の郵便ポストにはさまざまな書類が放置してある状態です。ケアマネがモニタリングで訪問した際に、税金の催促通知も確認しました。Gさんから「書類が溜まっていてよくわからないので、仕分けを手伝ってほしい」と頼まれました。

Q. あなたなら、どのように対応しますか？

 **A** 郵便物の仕分けを手伝い、必要な手続きを教える。

 **B** 郵便物の仕分けを手伝ってくれる社会福祉協議会のサービスや成年後見制度を紹介する。

正解： **B**

判断のポイント：

　ケアマネの業務はあくまで他事業所等との連絡調整であり、ケアマネが郵便物等の仕分けを手伝うことは、原則として業務の範囲外！

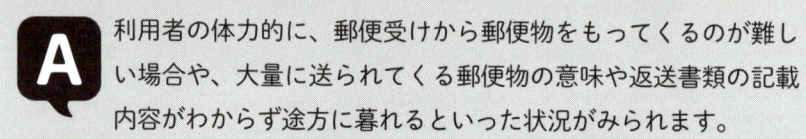

A 利用者の体力的に、郵便受けから郵便物をもってくるのが難しい場合や、大量に送られてくる郵便物の意味や返送書類の記載内容がわからず途方に暮れるといった状況がみられます。

　そのようなとき、そばにいるケアマネが一つひとつ開封して丁寧に説明できれば確かに利用者にとってはありがたいかもしれませんが、ケアマネからすればきりがありません。

B ケアマネの業務はあくまで他事業所等との連絡調整であり、郵便物の仕分けや必要な手続きについて利用者に教えることは業務の範囲外となります。

　一方で、社会福祉協議会のサービスや成年後見制度等、介護保険以外のサービスであっても**紹介すること（計画に盛り込むこと）は業務の範囲内**であり、正しい対応です。

　本事例は支援が開始されたばかりですが、訪問介護（生活援助）で郵便物の整理整頓等を計画に位置づけておくことも考えられます。また、支援当初から部屋全体のゴミの多さなどが目立つようであれば、地域包括支援センターに情報提供し、チームで対応策を考える体制を築いておくことで、いざというときに機敏に対応することができます。

ちょっと深掘り！

> 期限の迫った家賃や公共料金の督促書類等すぐに必要な書類がある場合

利用者の利益を考えるとついケアマネが対応してしまいかねない状況ですが、そのような場面だからこそ冷静に対処する必要があります。**法テラスや市民相談窓口につなぎ、弁護士に相談するようセッティングすること**がまず考えられます。市役所の高齢者支援課等、人権擁護に関する部署に相談するのもよいでしょう。

> 郵便物のなかにあるケアマネジメントに必要な書類等について、説明や代筆を頼まれた場合

書類の意味や必要性について説明することは当然認められ、ケアマネの義務です。一方で署名欄への利用者名の代筆は、法的には契約の**一方当事者**であるケアマネが行うことは許されません。

　ただ、現実問題として「ケアマネジメントをすぐ始める必要があるにもかかわらず全身麻痺でサインできない。代理人として署名してくれる身内や知り合いもいない……」といったやむを得ない場合もあろうかと思います。そのようなときは、例外的にケアマネが利用者氏名を代筆し、その欄外に「利用者本人が署名できないためケアマネが代筆した」等と補足説明を書くことが考えられます。

　ただし、これはあくまで最終手段ですので、利用者の印鑑や指印など、何かしら**本人の意思表示といえる痕跡を書面上に残すこと**を試みてください。

法的根拠

▶介護保険法第7条第5項　　▶運営基準第13条第4号

　運営基準第13条第4号には、「日常生活全般を支援する観点」から、「**介護給付等対象サービス以外の保健医療サービス又は福祉サービス、当該地域の住民による自発的な活動によるサービス等**の利用も含めて居宅サービス計画上に位置付けるよう努めなければならない」と示されており、成年後見制度などの利用を勧めるのは適切といえます。

　ケアマネが郵便物の仕分けを手伝い、不要物の処分などを行うなかで、必要書類を紛失したり、誤って事業所やケアマネの自宅に書類を持ち帰り、**個人情報が漏洩**したりするといったことも生じかねません。その場合、利用者が必要な手続きをできず、損害が生じるリスクがあります。

　また、郵便物の仕分けだけでなく、郵便物の受け取り、送付など次々と類似の雑務を押しつけられてしまう危険性もあります。「少しだけなら……」などとあいまいな態度を示すことなく、しっかりと断ることが求められます。

コラム **厚生労働省における業務範囲の整理**

　厚生労働省の「ケアマネジメントに係る諸課題に関する検討会」中間整理では、「郵便・宅配便等の発送、受取」をケアマネが「保険外サービスとして対応し得る業務」としています。この考え方でいえば郵便物の仕分けも含まれるといえるでしょう。もっとも、厚生労働省がこのように示したからといって安易に業務を引き受けることは危険です。郵便物のやりとりにかかわることで荷物の紛失等をはじめ、上記のようなリスクを背負うことになります。

　また、これは郵便物に限られませんが、保険外サービス、すなわち自費サービスで提供すると、お金のない人は利用できないことになり、結局現場ではなし崩し的に実質無料で対応することになりかねないという事態が懸念されます。本来業務に近い雑務だからこそ、安易に自費サービスとして切り分けることには慎重になるべきです。

 **郵便物は個人情報も多く、その仕分けはリスク大！
成年後見人などほかの専門職に任せるのが無難。**

>> 日常生活への対応

1/8 入院時の準備・付き添い

　Ｈさん（81歳、男性）は身寄りがなく、一人暮らしをしています。糖尿病のケアが必要で、定期的な受診をしていますが、血糖値が芳しくなく、血糖コントロールのため、数日間、緊急入院することになりました。ケアマネは、Ｈさんより入院時の準備や付き添いを頼まれました。

Q. あなたなら、どのように対応しますか？

A Ｈさんは身寄りがないので、ケアマネが着替えなどの必要物品の準備や付き添いをする。

B 入院準備や付き添いを行うことは断り、Ｈさんの詳細情報を記載した地域連携シート等を医療機関に提供する。

正解： **B**

判断のポイント：
　入院時の準備や付き添いなど直接的な対応は、原則としてケアマネの業務範囲外！

選択肢の解説

本来、家族や親族が行うことが多い入院時の準備や付き添いは業務の範囲外です。

他事業所や他機関との連絡調整はケアマネの本来の業務であるため、Bが正しい対応といえます。**地域連携シート**（「地域生活連携シート」など、名称は地域によってさまざまです）とは、医療と介護サービスをスムーズに提供することを目的に、居宅ケアマネと病院の担当者、かかりつけ医、訪問看護師等が利用者の情報を共有するためのシートです。詳細情報を記載し、医療機関にしっかりと利用者の情報を提供することは、ケアマネの重要な役割です。

　なお、「利用者が病院又は診療所に入院した日のうちに、当該病院又は診療所の職員に対して当該利用者に係る必要な情報を提供していること」を要件として**入院時情報連携加算（Ⅰ）**が算定できます。ここにいう「必要な情報」とは、利用者の入院日、心身の状況（例：疾患・病歴、認知症の有無、徘徊等の行動の有無など）、生活環境（例：家族構成、生活歴、介護者の介護方法、家族介護者の状況など）、サービスの利用状況などを指します。日頃から入院時に有用な情報を集め、整理していつでも提出できるようにしておきましょう。

ちょっと深掘り！

入院することを家族や近所の人に伝えてほしいと頼まれた場合

契約上、キーパーソンや緊急連絡先と位置づけられている家族がいる場合は、そちらに連絡することは当然業務に含まれます。そうではなく、入院する段になって初めて連絡してほしい旨を打ち明けられた場合でも、悩ましいところですが、「連絡調整」というキーワードに照らせばケアマネの本来業務の一環と位置づけて差し支えないでしょう。できれば、入院する前から、**将来入院する可能性を考慮して、その段取りや連絡先等を話し合い、決めておきたいところ**です。

病院側からも入院手続きを頼まれた場合

入院手続きをケアマネが対応することは、断るべきです。必要物品の準備も、本人のいない留守宅を訪問して支度して届ける等は業務範囲外であり、手を出してはいけません。利用者が気の毒に思われ、病院側からのプレッシャーもあるかもしれませんが、どうしても必要な物品等がある場合は**自費対応でヘルパーに買い物**をしてもらいましょう。**有償ボランティア団体やリースの利用**も考えられます。

法的根拠

▶**介護保険法第7条第5項**　　▶**運営基準第12条第1項**

　運営基準第12条第1項には、「指定居宅介護支援は、要介護状態の軽減又は悪化の防止に資するよう行われるとともに、**医療サービスとの連携に十分配慮して行われなければならない**」と示されており、入院時にあたって利用者の情報を提供することは、ケアマネに求められる役割です。

　入退院時の必要物品の購入や整理、受け渡し、必要書類への記入等、多岐にわたる対応を行うことによって、ケアマネの時間と労力が失われ、本来業務ができなくなるリスクがあります。

　また、身の回りの物品等を購入する際に、やむを得ずケアマネが立て替えるなど金銭的な出費が生じるリスクもあります。さらに、入院後も差し入れを求められるなど、利用者から必要以上に依存されてしまう危険性もあります。何でもケアマネがやってしまうのではなく、**利用者のもつ力（ストレングス）を引き出すようなかかわり方**が求められます。

　入院が決定する前から、利用者の状況等を踏まえて、入院する可能性があることを視野に入れた支援方針を検討しておくとよいでしょう。また、入院時の対応が後手にまわってしまったとしても、通院時、退院時に同じようなことが起きないよう事前に対応方法を検討しておくことが求められます。

■**通院、入退院等を見据えたチェックポイント**

□入院バッグの準備（病院の預かり金や保険証、お薬手帳を一つのバッグにまとめる）の支援
□新聞や電気・水道の停止の調整に関する支援
□入院時・退院時・通院時の介護タクシーの手配準備に関する支援
□利用している各サービスの休止の調整
□利用者の入院リスクを把握して、必要に応じて入院先となる可能性のある病院の連絡窓口、担当者（MSW：医療ソーシャルワーカー）を把握
□入院中に院内カンファレンス等に参加させてもらい、利用者の状況を把握
□医師を含めたサービス担当者会議（退院カンファレンス）を開催し、利用者の心身状況をチームで共有すると同時に退院後のケアプランの検討

**入院時の準備や付き添いなどの直接的な支援をせず、医療職への情報提供がケアマネの役割！**

1₉ 安否確認（見守り支援）

　Iさん（95歳、女性、要介護2、認知症）は夫が数年前に亡くなり、一人娘も他県在住のため、現在、公営集合住宅で一人暮らしをしています。認知症の進行もあり、外出して戻れなくなり、警察に保護されることがありました。

　最近では、長女からケアマネに「何度電話をかけても母が出ない。心配だから、ケアマネさんに安否確認に行ってほしい」と連絡が入ります。

Q. あなたなら、どのように対応しますか？

 心配なのですぐに確認に行き、その都度対応する。

 福祉用具（徘徊感知機器）や見守りカメラの設置等を提案する。

正解： **B**

判断のポイント：

本来業務以外である利用者の安否確認をケアマネが行う義務はない！

選択肢の解説

A 真面目で誠実なケアマネほど、利用者のことが気がかりでつい様子を見に立ち寄ってしまうということがあるかもしれません。しかし、そのようなことまで気にかけ対応していれば、必要以上のタスクに時間と労力を奪われ、本来業務まで手が回らなくなってしまう可能性があります。なお、元々モニタリングの予定があり、日程を調整する程度で対応可能であるならば、**モニタリングの一環として様子を見に行くことは、不適切とまではいえない**でしょう。

B **福祉用具の導入検討**はケアマネの本来の業務であるため、Bが正しい対応といえます。ケアマネにできることは過去の経験や他事例をもとに、一人歩き（徘徊）の対策として有効な手立てを複数検討し、利用者・家族に提案することです。自分だけでは心もとない場合は、**事業所内で協議をしたり、地域包括支援センター等も交え、話し合ったりする**など、横の連携がとれるとよいでしょう。

ちょっと深掘り！

行方がわからないなど、緊急性が高いような場合	**警察に捜索依頼すること**を家族に勧めます。

引き取りや安否確認を家族より繰り返し頼まれるとき

利用者の認知機能の低下による一人歩き（徘徊）等で、警察に保護された際の引き取りや安否確認の必要性が頻繁に生じるとき、在宅での一人暮らしは実質的に難しいと考えられるため、ケアマネの業務として、**再アセスメント**し、施設入所等を検討することになるでしょう。

モニタリング訪問時に徘徊等のある利用者が自宅にいなかった場合

自らが遭遇した利用者の緊急事態であり、**例外的にケアマネが対処すべき**と考えます。契約上、介護サービス提供者は利用者の**身体・生命の安全に配慮する義務（安全配慮義務）**を負っていますが、通常であればケアマネは他事業との連絡調整による間接的な責任しか負いません。しかし、モニタリングという直接利用者にかかわる場面で遭遇した事態については、その安全を守る最低限の対応が義務として課されるといえるからです。

具体的には、**家族に確認したうえで警察や地元の消防団などネットワークにはたらきかけ、捜索すること**が考えられます。ただ、次の訪問予定がある等やむを得ない事情がある場合は、関係機関に引き継ぐことで一区切りとして離脱することも許されるでしょう。

法的根拠

▶介護保険法第7条第5項

介護保険法第7条第5項で「介護支援専門員」とは、要介護者等がその心身の状況等に応じ適切な居宅サービス等を利用できるよう市町村、居宅サービス事業を行う者等との連絡調整等を行う者であると示されています。安否確認等の直接的な支援はケアマネがする必要はありません。

　安否確認のため、利用者宅など現場に足を運ぶことでケアマネの時間と労力が必要以上に失われ、本来業務ができなくなってしまう可能性もあります。また、利用者の安全確保に日頃からかかわることで、事故や行方不明になったときに**利用者の監督義務者（民法第714条）ないし保護者に準じる者として責任を追及されるリスク**が高まります。

 認知症のある高齢者は、認知機能の低下によって、記憶障害、見当識障害、遂行機能障害等が予測されます。それに伴い、一人歩き（徘徊）といった事態が生じることもアセスメントの段階から予想し、具体的な予防策を家族等と検討しておくことが重要です。

■**認知症に伴う一人歩きに対するチェックポイント**

□本人が迷子等になってしまった場合の緊急連絡先を支援チームで共有しておく
□家族が本人の引き取り等が難しい場合の対応を決めておく
□本人の緊急連絡先や氏名、生年月日等の基本情報が書いてあるカード類を、本人が常に持ち歩けるようにしておくことを提案する（衣服に縫い付けるなど）
□GPS機能の付いた機器を本人が身につけられるようにすることを提案する
□徘徊感知機器の使用を提案する
□見守りロボットの導入等を提案する

 **ケアマネが毎回安否確認に訪問する必要はない！　ただし、捜索が必要な場合等には、関係機関にはたらきかける。**

1

10 介護保険以外の行政手続き

Jさん（86歳、女性、軽度認知障害）は、長男と二人暮らし。長男は広告代理店に勤め、夜遅くまで仕事をしています。Jさんよりケアマネに電話があり「住民票と印鑑証明がほしいのだが、長男は仕事が忙しいため、ケアマネさんに代わりに市役所でとってきてほしい」との依頼がありました。

Q. あなたなら、どのように対応しますか？

A 住民票等の取得代行はケアマネの業務ではないため、長男に依頼するよう伝える。

B 後日、ケアマネが本人と市役所に行き、手続きを一緒に行う。

正解： **A**

判断のポイント：
利用者の個人的な頼みは、ケアマネの業務範囲外！

選択肢の解説

A ケアマネの業務範囲外ではありますが、「ケアマネが行うことはできない」と伝えたうえで、利用者のことを気にかける姿勢をもつことは重要です。住民票や印鑑証明といった書類の**使用目的等を確認し、犯罪やおかしな商法に騙されていないかを探ってみることが利用者の権利擁護**につながります。

B 本事例は業務の範囲外であると判別しやすいと思いますが、「どうせ役所に行くから」とついでに引き受けてしまうこともあるかもしれません。万一紛失したときなどに、重大な責任が伴うため、安易に引き受けることは危険です。

また、近年はコンビニ等で交付できる場合もあります。このような**一般的な情報を利用者に伝える**ことは問題ありません。

ちょっと深掘り！

| 同居する長男からも住民票と印鑑証明の取得を頼まれたとき | 利用者本人から依頼されたときと同様、断ります。業務範囲についてその都度粘り強く説明し、理解を得るようにすることが重要です。 |

| 行政書類の使用目的が不自然で、おかしい場合 | 利用者の権利擁護の観点から家族や地域包括支援センターに報告・相談します。ケアマネが契約上、利用者に対して負う安全配慮義務は、利用者の身体・生命の |

みならずその**財産の安全にも及ぶ**といえます。利用者が明らかに経済的犯罪に巻き込まれそうな場面等の非常事態においては、その**安全を守る最低限の対応**が求められます。

　現場では、例えば「どのような目的で住民票と印鑑証明が必要なのでしょうか？」等と話を振り、利用者が混乱したり、焦ったりする様子はないかをよく観察します。

　土地の売買を強引に成立させられそうになる等、万一の可能性を考え、家族にも報告するとよいでしょう。

法的根拠

▶**介護保険法第7条第5項**　　▶**民法第415条**

　住民票や印鑑証明の取得といった介護保険以外の個人的な頼みは業務範囲外といえますが、利用者がトラブル等に巻き込まれていることが予測される場合に、何もせずに安全配慮義務を怠ったと判断されれば、民法第415条（債務不履行）等に基づく損害賠償責任が生じる可能性もあります。

　住民票や印鑑証明書の取得は、利用者本人や家族の都合で必要なので、本人・家族等が行う必要があります。こういった細々とこなすべき雑務を一度ケアマネが引き受けてしまうと、それ以外の面倒な手続きすべてをケアマネに押しつけられてしまう危険性があり、同時に**本人・家族のセルフケア能力を奪ってしまうこと**にもなりかねません。

　また、住民票や印鑑証明書は、個人情報が記載されているため、誤って紛失し、その情報が悪用されてしまえば大きな問題となるリスクを抱えています。紛失しなかったとしても、そもそもの目的が犯罪行為等、利用者に不利益をもたらすものであった場合、後から「なぜ止められなかったのか」と責任を追及されるリスクもあります。

予防策　ケアマネは、利用者の生活を支える存在であることは間違いないのですが、「何でも屋」であると利用者・家族に勘違いされてしまっては困ります。重要事項説明書を渡す際に、ケアマネができること、できないことを利用者・家族にわかりやすい言葉で記載したリスト等を渡しておくことも、このような頼み事を減らす一つの予防策です。

■利用者に渡すケアマネのできること・できないことリスト（例）

○できること	×できないこと
・困り事があったとき、お話を聞く ・活用できるサービスを紹介する ・自立した生活を目指すための計画を立てる	・掃除、洗濯、買い物、料理、身体的な介護を直接行う ・外出時の付き添いや送迎 ・介護保険以外の書類手続きの代行 ・郵便物の仕分けや公共料金の支払い

まとめ　**住民票や印鑑証明書の取得は、ケアマネができないことを伝えたうえで、権利擁護の視点をもったかかわりをする！**

1/⑪ マイナンバーカードの申請・管理

　一人暮らしのKさん（75歳、女性）は、海外在住の息子から、夏休みに遊びに来ないかと誘われました。渡航するにあたり、マイナンバーカードを所持していたほうがよいから取得しておくようにと連絡がありました。「何をどうしたらよいか、何から始めたらよいかわからないので支援してほしい。なくしたら嫌だから帰国後は管理もお願いしたい」と本人からケアマネに依頼がありました。

Q. あなたなら、どのように対応しますか？

A 市役所のマイナンバーカードの手続きに関する資料を渡し、説明する。ヘルパーや介護タクシーを手配し、市役所まで送ってもらい、その後は市役所の対応に任せる。

B 市役所へ同行し、申請手続きを一緒に行う。帰国後は事務所にあるKさんの個人情報ファイルのなかで、マイナンバーカードを管理する。

正解： **A**

判断のポイント：
　マイナンバーカードといった個人的な書類の手続きの申請・管理は、ケアマネが直接行うことはできない！

A　余力があれば行政の窓口に、「このような人が相談に行くので支援をお願いします」などと事前に連絡をしておくと、手続きがスムーズに進むでしょう。あくまでもケアマネは連絡調整の役割であることを貫き、ぶれない姿勢でいることが大切です。

B　マイナンバーカードの保管については、通帳や印鑑、クレジットカード類をケアマネが預かることができないのと同様です（事例1－②（p.37））。状況に応じて、**金融機関の貸金庫サービス等の情報提供や、家族に相談すること**を勧めましょう。

　なお、マイナンバーカードの申請に関してケアマネが関与できるとされている手続きは、申請者本人が運転免許証やパスポートなどの顔写真付き本人確認書類を持っていない場合に、申請者の顔写真について「確かに利用者本人である」と証明することです（**個人番号カード顔写真証明書の作成**）。ただ、万一自分が「証明」した顔写真が間違っていたといったトラブルが起きたときに巻き込まれるリスクがあり、ケアマネに当然のごとく押しつけてよい手続きではありません。

ちょっと深掘り！

| マイナンバーカードは持っているが、使い方がわからないので、教えてほしいと頼まれた場合 | 一般的な事柄であれば、<u>インターネット検索等で得られる知識を、利用者の目的に応じて伝える程度のことはしても問題ない</u>でしょう。詳細については最寄りの市区町村窓口につなぎます。 |
| マイナンバーカードをなくしたので、再発行の手続きをしてほしいと頼まれた場合 | 上記と同様、最寄りの市区町村窓口につなぎます。 |

法的根拠

▶介護保険法第7条第5項
▶行政手続における特定の個人を識別するための番号の利用等に関する法律（マイナンバー法）附則第3条第1項

　マイナンバー法附則第3条第1項では「市町村長は、政令で定めるところにより、この法律の施行の日（中略）において現に当該市町村の備える住民基本台帳に記録されている者について、（中略）機構から通知された個人番号とすべき番号をその者の個人番号として指定し、その者に対し、当該個人番号を通知カードにより通知しなければならない」と定められています。この規定は通知カードについてですが、市区町村長に交付義務があるとしており、マイナンバーカードについても当然市区町村が責任をもって交付すべきといえます。

　なお、マイナンバー法第55条「偽りその他不正の手段により個人番号カードの交付又はカード代替電磁的記録の発行を受けたときは、当該違反行為をした者は、6月以下の拘禁刑又は50万円以下の罰金に処する」と示されています。仮にケアマネが代理にてマイナンバーカードの交付を受け、利用者・家族との間でトラブルが生じた場合、このような罰則規定にかかわる危険性もないとはいえません。

　マイナンバーカードの申請手続きは相応の時間がかかり、利用者に付き添うことでケアマネの時間と労力が失われ、本来行うべきほかの利用者のケアプラン作成や給付管理業務ができなくなったり、業務の質が低下してしまったりするおそれがあります。

　また、マイナンバーカードを紛失したり、盗まれたりした場合、**保管責任を追及されるリスク**もあります。仮に利用者から預かったマイナンバーカードを紛失した際には、状況に応じて警察に遺失届を出すことが求められます。

一人暮らしの高齢者の場合、一人でさまざまな書類の申請・受け取り・保管を行うことは難しい場合も多々あります。アセスメントの際に、どのように手続き・管理等を行っているのかを確認し、うまくできていない部分があれば、家族やヘルパー等と相談し、本人が困らない体制を築くことが重要です。要介護度が低く、一見自立度が高いようにみえる利用者であっても、自宅での様子や会話を通じて、その状況を探っておくとよいでしょう。

■申請・受け取り・保管等に関するチェックポイント

□貴重品（財布・クレジットカード・印鑑・保険証・マイナンバーカード等）の
　置き場所は決まっているか
□重要な郵便物の仕分けができているか
□提出や振り込みをしなければならない書類等を保管できているか
□行政手続きを誰が行っているか
□申請書類等への自筆ができるか

まとめ　**マイナンバーカードなどの行政手続きは、市区町村窓口につなぐ！**

>> 日常生活への対応

1 ⑫ 近隣住民とのトラブルの仲介

　Lさん（74歳、男性）は認知症があり、成年後見人による支援を受けています。実家で姉（80歳）と二人暮らしです。本人も姉も体調を崩し、最近相次いで入院しました。ある日、担当ケアマネに近隣住民と名乗る人から「Lさんの庭の草木が伸び放題になっていて、木の枝が越境してうちの壁を壊した。ヤブ蚊も多く、どうにかしてほしい」と苦情が入りました。

Q. あなたなら、どのように対応しますか？

A ケアマネが近隣住民に直接会って事情の聞き取りを行い、庭を手入れする。

B 成年後見人に連絡し、対応を依頼する。成年後見人が対応困難な場合は、地域包括支援センターや市町村に報告する。

正解： **B**

判断のポイント：
　ケアマネは利用者の監督人ではない。成年後見人がいる場合、対応を依頼する！

選択肢の解説

A ケアマネが近隣住民に直接会い、苦情を聞くこと自体は、状況によってはアセスメントのための情報収集の一環として考えることもできるかもしれません。しかし、ケアマネが庭の手入れまで行うことは、本来のケアマネの業務範囲を考えると行き過ぎた対応といえます。

B 利用者の成年後見人は、民法の条文上、利用者が第三者に損害を及ぼした場合、利用者に代わり、その監督人として賠償責任を負う可能性があります（民法第714条第1項）。本事例の場合、対応を**成年後見人に任せること**が適切です。また、地域包括支援センターや市町村など、第三者に報告、相談するなどし、自分だけで抱え込まないことが重要です。

　当事者間の権利関係や損害発生時の責任について定める民法は、認知症等の理由により**責任能力を有しない人については賠償責任を負わない**と定めています（第713条）。本事例では、認知症のLさんが庭の手入れをせず、それにより近隣に被害（迷惑）を及ぼしたとしてもLさん自身が責任を負うことはありません。

　すでに生じてしまった損害についても成年後見人が責任を負うかどうかは、民法第714条の監督義務者等の責任が課されるかという点でグレーなところがありますが、少なくとも成年後見人の立場で、現在進行形で起きている問題を見て見ぬふりをすることは許されないといえます。

➕ ちょっと深掘り！

利用者本人・家族から剪定業者への手入れの依頼を頼まれた場合

ケアマネの業務範囲は他事業所との連絡調整等なので自ら庭木の手入れをする必要はありませんが、植木屋等の手配を頼まれた場合、どうするべきでしょうか。

これは難しいところですが、運営基準第13条第4号には「利用者の日常生活全般を支援する観点」から介護給付等対象サービス以外もケアプランに位置づけるとあり、庭木の手入れもこれに含まれると解することができそうです。

ただし、実際に植木屋等と契約をするのはあくまで利用者本人なので、ケアマネが独断で契約するようなことがないよう注意しましょう。

誰も責任をもって対応できる人がいない場合

役所の「空き家相談窓口」等に相談し、対応を求めましょう。

法的根拠

▶介護保険法第7条第5項　　▶運営基準第13条第4号
▶民法第713条（責任能力）、民法第714条（責任無能力者の監督義務者等の責任）

　民法第713条には、「精神上の障害により自己の行為の責任を弁識する能力を欠く状態にある間に他人に損害を加えた者は、その賠償の責任を負わない」と示されており、第714条には「責任無能力者がその責任を負わない場合において、その責任無能力者を監督する法定の義務を負う者は、その責任無能力者が第三者に加えた損害を賠償する責任を負う」「監督義務者に代わって責任無能力者を監督する者も、責任を負う」といった規定があります。ケアマネは、**監督義務者や監督義務者に代わって責任無能力者を監督する者**ではないので、賠償の責任を負う必要はないと考えられます。

　利用者や同居中の姉の入院中に、よかれと思ってケアマネが庭の手入れをした場合、隣家にはみ出ている樹木であったとしても、利用者の所有物であり、それを勝手に切ったりすると、刑法上の**器物損壊罪等（第261条）に問われる可能性**もあります。仮に利用者の同意を得たうえで行ったとしても、後々に「これは切ってほしくなかった」「大切に育てたものなのに」などと言われ、トラブルになる可能性があります。損害賠償請求につながる危険性もゼロではないため、本人が業者と直接やり取りできるようつなぐなどの支援にとどめておくことが必要です。

　また、1回ケアマネが対処してしまうと、庭木に関する近隣トラブルだけでなく、廃棄品や火事、犯罪などあらゆるトラブルの責任を押しつけられてしまうリスクもあります。

成年後見人がついていることがあらかじめわかっている場合、**成年後見人と直接会うなどし、本人とのかかわり方、緊急時の連携方法等、役割分担を明確にしておくと**よいかもしれません。また、アセスメント時、モニタリング時等のタイミングで、本人の様子だけではなく、本人の周辺環境である自宅や近隣の様子を観察し、トラブルの予兆にいち早く気づく観察眼をもつことも重要です。

ケアマネは利用者の監督義務はない。必要以上の支援はリスクになり得る！

⑬ 消費者トラブルへの対応

　Mさん（88歳、女性）は、一人暮らしで、軽度認知障害の診断を受けています。ケアマネが自宅を訪れ、最近の様子をモニタリングしていたところ、見慣れない高級布団が2枚置いてありました。話を聞いてみると、Mさんは「先週若い男性の営業マンが家に来て、困っていると言うので話を聞いてあげたの。訪問販売で近所をまわっているが1つも売れないので買ってほしいと言われ、かわいそうだったので2枚購入した。1枚70万もするのできつかったけど……」と笑顔で話されました。

Q. あなたなら、どのように対応しますか？

 本人の判断なので、口を挟まずそっとしておく。

 布団を返品し、返金してもらうことをMさんに提案する。

正解： **B**

判断のポイント：

　ケアマネは、利用契約上、利用者の生命・身体の安全や、財産の安全に配慮する義務（安全配慮義務）を負う！

選択肢の解説

A 悪徳商法であると考えられる状況を目の前にし、見て見ぬふりをするのは、権利擁護の役割のあるケアマネとして適切とはいえません。**利用者の生活や状態を最も近くで専門家として把握しているのはケアマネ**である以上、できる限り利用者を守る手立てを考えたいものです。

B ケアマネの「連絡調整」という業務範囲に則って、できる限り**利用者が不利益を被らないように努めること**は重要です。一方で、ケアマネが、事例のような外部からの危害に対して利用者を守りぬくすべての義務を負うと解するのはさすがに責任が重すぎます。

　行政機関や地域包括支援センター、弁護士など考えられる支援機関につなぎ、**クーリング・オフ**が使えないかなど支援を求めることがケアマネの本来の役割といえるでしょう。

ちょっと深掘り！

押し売りのような形で強引に売りつけられた場合

暴行や脅迫を用いて相手を畏怖させ、無理やり購入させたような場合は、<u>刑法上、強要罪（第223条）に該当する可能性</u>があります。この場合は悪質であるため<u>警察に通報し、保護を求める等</u>必要な対処を速やかに講じましょう。ショートステイを緊急で利用するなど、一時避難をする必要もあるかもしれません。

法的根拠

▶介護保険法第7条第5項
▶刑法第223条第1項（強要罪）
▶民法第3条の2、民法第96条
▶特定商取引に関する法律第9条第1項（訪問販売における契約の申込みの撤回等）

　民法第3条の2では、認知症等の理由で意思能力がない人については、その人が締結した契約はそもそも無効であるとされています。ただ、本事例ではMさんは軽度認知障害なので、この根拠では難しいかもしれません。

　同じく民法の規定で、いわゆる詐欺であるとして契約を取り消すことが考えられます（民法第96条）。ただ、本事例では、70万円という明らかに高すぎる布団とはいえ、一応、高級布団であることから「それだけの価値はある」と開き直られてしまうと詐欺とまで言い切ることは難しいかもしれません。

　また、前述のとおり訪問販売の場合は、クーリング・オフが使えます（特定商取引法第9条第1項）。これは、訪問販売や電話勧誘等、販売者のほうからアプローチして営業するような場合に、消費者が頭を冷やして引き返すことができるよう定めた消費者保護の制度です。

　ケアマネが、Ｍさんの行動を見逃すことで**クーリング・オフ期間**を過ぎ、Ｍさんの財産を悪徳商法から守れない可能性が高まります。また、悪徳商法を行う業者内でのネットワークにおいて、Ｍさんが付け入りやすい消費者であると知れわたれば、第二、第三の高額な買い物等をさせられるリスクが高まります。

コラム　クーリング・オフの方法

　クーリング・オフの方法は、はがき等で意思表示をすれば足りますが、法的な問題でもあるため、**法テラスや市町村の無料法律相談窓口などの相談機関に利用者をつなげ、弁護士や司法書士に対応を依頼する**のもよいでしょう。

　また、クーリング・オフの期間は法律で定められた書面を受け取ってから**8日以内**という制限があります。そのような書面がないか、期限が過ぎていないかなど利用者とともに確認することが必要です。

まとめ　利用者が外部から危害を受けたり不利益を被ったりするような状況の場合、ケアマネは利用者を守るための行動をする！

1／

⑭ ゴミ屋敷への対応

　認知症を患うNさん（80代）の自宅は、玄関から入室できないほどのゴミや不用品が積まれており、Nさんは庭側の窓から出入りしています。Nさんはずっとこの家に一人暮らしです。

　2階建てですが、2階には10年以上前から上がっていないとのことです。エアコンがなく、夏は暑く、冬に暖をとる手段もありません。近隣住民から異臭やカラス、ネズミ発生の苦情が相次いでいる状況です。

　そのようななか、Nさんが要支援の認定を受け、あなたがケアマネとして担当することになりました。

Q. あなたなら、どのように対応しますか？

A 事業所内もしくは地域包括支援センター等も交え、対応方法について協議・検討し、訪問介護の支援による環境整備の介護予防ケアプランを組む。

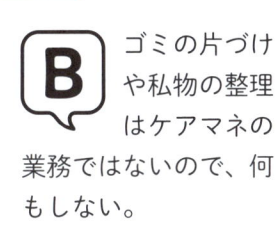

B ゴミの片づけや私物の整理はケアマネの業務ではないので、何もしない。

正解： **A**

判断のポイント：

　ケアマネは、利用者が抱える問題点を明らかにし、その問題を解決できるよう取り組む必要がある！

選択肢の解説

A 本事例では、自宅が生活に適さない状態（**セルフ・ネグレクト状態**）であり、生活環境として不適切であることは客観的にみて明らかといえます。

　自宅で生活することが困難な状態であること、周囲にも不衛生な状態が及んでいることを利用者に説明し、場合によっては地域包括支援センター職員や行政の力も借りて、**本人と対応方法を考えていくこと**が求められます。

B 運営基準第13条第6号には「（利用者が）置かれている環境等の評価を通じて利用者が現に抱える問題点を明らかにし、利用者が自立した日常生活を営むことができるように」しなければならないとされており、**利用者の住環境を整えること**も業務範囲内といえます。ただし、ケアマネ自身がゴミを運び出したり、掃除をしたりする必要はありません。ケアマネとしてすべきことは**関係機関と連携し、問題解決の仕組みを導入する**ところまでです。

　この点、ケアマネという第三者的立場にある支援者が、個々の利用者宅の事情にまで介入すべきかどうかは、ケースバイケースといえます。しかし、本事例のように客観的にみて明らかに自立生活を阻害するような住環境である場合、「何もしない」というのは適切ではありません。もちろん、利用者の意向を無視することはできないので、Ｎさんとよく話し合い、これからどうしたいかという要望を引き出すことが大切です。

ちょっと深掘り！

> **手を尽くしても、事態が改善しない場合**

生命・身体・財産に重大な危険が生じるおそれのあるセルフ・ネグレクト状態（自分自身による世話の放棄）の高齢者に対し、ケアマネが対応方法を検討し、サービスを導入するなど手を尽くしても、自宅で一人暮らしを継続することが難しい場合は、最終手段として市町村は<u>老人福祉法第11条に基づく措置処分</u>（やむを得ない事由による措置）により施設に強制的に入所してもらうという方法があります。また、同法第32条に基づき成年後見制度の市町村長申立てをすることも考えられます。

法的根拠

▶介護保険法第7条第5項
▶運営基準第1条の2第2項、運営基準第13条第6号
▶老人福祉法第11条（施設入所等の措置処分）、老人福祉法第32条（成年後見制度の市町村長申立て）

　先に述べた老人福祉法に基づく措置処分や成年後見制度の市町村長申立てのほかに、近年、多くの自治体がいわゆる「ゴミ屋敷条例」を制定するようになってきています。行政が現地を調査し、住人が自力で対処できないと認定した場合、片づけ費用を補助したり協力団体と連携したり、片づけたりすることを条例で定めている場合があります。利用者が暮らす自治体にそのような制度・サービスがないかを調べるとよいでしょう。

　Nさんの住環境は、不衛生でエアコンもないことから、**生命に危機を及ぼす状態**であると考えられます。ケアマネがその状況を見過ごした場合、Nさんが自宅内で熱中症や低体温症等で死亡するリスクがあります。利用者の命を守るという視点からも、ケアマネができる範囲の手立てをとることが重要です。

　また、ケアマネが何も手立てをとらなければ、Nさんへの近隣住民からの苦情が高まり、行政通報され強制的に住環境を撤去されるといった事態になるリスクもあります。そうすると、本来適切なサポートがあれば、一人暮らしを継続できる可能性のあったNさんの生活の質の低下・ADLの低下等につながることになり、「Nさんを尊重した暮らし」に逆らうことになってしまうでしょう。

このようないわゆるゴミ屋敷状態の家や荒れ果てた空き家の問題は近年増加しつつありますが、地域における予防策としてケアマネにできることもあるでしょう。例えば、本事例を**地域ケア会議に報告し、地域課題の一つとして取り上げる、行政にゴミ屋敷対策の必要性を訴えかけていく**といった取り組みが、地域内のほかのケースへの予防策になると考えられます。

明らかに問題がある状況を放置するのは厳禁。措置処分も視野に、解決策を検討する。

2-① 通所リハビリテーションの見学申込書の代筆

　Aさん（86歳、女性、要介護1）は自宅で一人暮らしをしており、親族もいません。脳梗塞の後遺症で、軽度右半身麻痺があります。歩行状態が不安定で体力、筋力の維持のため、通所リハビリテーションを希望しています。ケアマネが数か所の事業所を提案したところ、一か所見学の希望がありました。ところが見学申込書を作成する際、本人より「手が震えるから記入してほしい……」と相談がありました。

Q. あなたなら、どのように対応しますか？

A 見学申込書を免除してもらえないか事業所に問い合わせ、難しければ記入代行を引き受ける。

B 本人が申込書を記入できないのなら、見学は難しいと伝える。

正解： **A**

判断のポイント：
ケアマネジメントの提供は「懇切丁寧に行う」こと！

A そもそも見学の申込用紙が必須かというと、法令で義務づけられているものではなく各事業所が定める内規でしかありません。Aさんと似たような困りごとを抱えた利用者も多いでしょうから、事業所側に事情を話せば、柔軟に対応してくれるのではないでしょうか。ケアマネから**通所リハビリテーション事業所に相談してみる**とよいでしょう。

B ケアマネの業務は他事業所等との連絡調整等ですが、個々の事業所との契約は利用者が行うことになります。しかし、本事例のように契約締結が困難な場合、ケアマネがサポートせず、そのサポートまで「業務範囲外」としては利用者が介護保険サービスを受けられません。

契約を完全に代行することは行き過ぎといえますが、その前段階の見学の申込みであれば柔軟に対応しても差し支えないと考えます。

また、運営基準第13条第2号には「指定居宅介護支援の提供に当たっては、懇切丁寧に行うことを旨とし、利用者又はその家族に対し、サービスの提供方法等について、理解しやすいように説明を行う」と示されています。利用者がサービスを受けることができるように**「懇切丁寧」な対応ができているか**は業務範囲を見極めるうえでの一つのポイントとなります。

➕ **ちょっと深掘り！**

| 見学後、サービス利用を開始することとしたが、利用契約書の署名も頼まれた場合 | 悩ましいところですが、事例1-②（p.37）でも解説したように押印や指印など、何かしら**利用者本人の意思表示の痕跡を残すよう工夫**し、ケアマネが代筆することは最終手段とすべきです。 |

| サービス利用を開始するにあたり、事業所側から医師の診断書の提出を求められた場合 | ケアマネは、まず利用者、家族に診断書が必要な旨を説明し、**本人、家族から主治医に依頼してもらう**ようにします。利用者や家族ができない場合は、ケアマネから医師に診断書を発行してもらうよう |

依頼することもあり得ます。ただし、費用なども発生するため、利用者、家族自身ができるように、後方支援をする形にしたほうがよいでしょう。

法的根拠

▶介護保険法第7条第5項
▶指定居宅サービス等の事業の人員、設備及び運営に関する基準第114条第1項第2号

　通所リハビリテーションについて定める運営基準では、「通所リハビリテーション従業者は、指定通所リハビリテーションの提供に当たっては、懇切丁寧に行うことを旨とし、利用者又はその家族に対し、リハビリテーションの観点から療養上必要とされる事項について、理解しやすいように指導又は説明を行う」と規定されています。

　本事例の見学申込書の記入は、サービスの提供方法等の説明にかかわるものであり、利用者が円滑にサービス利用を進めるために、申込書を省略するなど**事業所が柔軟に対応することが求められる**といえるでしょう。

　ケアマネが見学申し込みの対応等をしないことで、Aさんが希望するサービスを受けられない可能性が生じます。ケアマネは、利用者の自己決定を尊重する意味でも、**利用者が自らの意思で選んだサービス・事業所を利用できるよう最大限サポート**しなければなりません。それを行わないことは、ケアマネジメント契約の債務不履行とみなされてしまう危険性もあります。

コラム　書類作成支援の留意点

　厚生労働省の「ケアマネジメントに係る諸課題に関する検討会」中間整理では、「書類作成・発送」が保険外サービスとしてケアマネが対応し得る業務として示されています。ただ、本事例のようにケアマネジメントに密接に関連するような業務については、利用者に別途費用を支払ってもらうことは現実的ではなく、サービスを提供する各事業所に協力してもらうべき場面といえるでしょう。

　また一般的にも、行政書士または行政書士法人でない者が「他人の依頼を受け報酬を得て、官公署に提出する書類（中略）その他権利義務又は事実証明に関する書類（実地調査に基づく図面類を含む。）を作成する」ことは行政書士法により禁じられていますので注意が必要です（行政書士法第1条の2、第19条）。

　筆者が見聞きした話で、ケアマネが認知症の利用者のために成年後見制度の申立書を代筆したということがありましたが、これを対価を受けて行うことは違法となります（司法書士法第73条）。なお、無償であっても、他職種の専門分野についてケアマネが安易に手を出すべきではありません。

必要なサービスを受けられるようサポートすることはケアマネの中心的業務！

2 >> ケアマネ業務に近接する手続きへの支援

介護保険施設の入所申込書の代筆

　Bさん（87歳、男性、認知症なし）は、一人暮らしで子どもがおらず、親戚との関係も希薄です。体力の低下からだんだんとできないことが増え、室内でも転倒を繰り返すようになりました。担当ケアマネと施設入所を検討していますが、手が震えて入所申込書が書けないので、代わりに書いてほしいとの申し出がありました。

Q. あなたなら、どのように対応しますか？

A Bさんの代わりに入所申込書を全部記入し、施設に提出する。

B 代わりに書いてくれる人がいないかBさんに確認し、誰もいなければ最低限必要な記入を中心にできる箇所を埋めるサポートをする。

正解： **B**

判断のポイント：
　入所希望の利用者に対して、本人が契約を結べるよう何らかの形で支援をする！

選択肢の解説

A 利用者が個々の事業所と契約を結ぶ際に、ケアマネは何らかのサポートをする必要がありますが、記入代行までをする責務はありません。しかし、現実問題としてケアマネが書かざるを得ないという状況もあるでしょう。それほど負担の大きい業務量でもないため、ほかによい手立てがなければ例外的に業務範囲内として応じることも致し方ないものと考えます。

B 申込書は、前回の事例同様、必ずなければならないものではなく、法的には契約書があればよいことになります（ただ、口頭でも契約は成立するので、厳密にいえば契約書すら不要ということになりますが）。

　そのため、施設の相談員等に相談し、**入所申込書を省略**したり、利用者の意思表示として**押印したりするだけで足りること**とできないかを尋ねてみるとよいでしょう。

　「最低限、押印があればよい」ということであれば、Bさんに署名や押印だけ行ってもらい、それ以外の項目に関して、必要な情報はケアマネから施設の相談員等に可能な限り伝えるなどして、施設の職員等に書いてもらうことが考えられます。

➕ ちょっと深掘り！

> **施設入所時に身元引受人を頼まれた場合**

申し込みができても、契約時に施設側が**身元引受人（身元保証人）**を求めることがあります。これをケアマネが引き受けることは明らかにできませんので、どうにかして身元引受人になる人を探してもらう必要があります。

　最近は、**身元保証を提供するサービス**も出てきているので、そのようなサービスを探し、提案するといった支援をするとよいでしょう。

　本事例のＢさんはまだ認知症ではありませんが、将来なったときに備え、**任意後見制度を利用すること**が考えられます。これは、弁護士や司法書士などの法律の専門家に依頼し、自分が将来認知症になったときに備え、後見人になってもらうことを予約する仕組みです。詳しくは最寄りの公証役場や、法テラスに相談してみましょう。

法的根拠

▶**介護保険法第7条第5項**
▶**運営基準第13条第17号**

　運営基準第13条第17号では、「利用者がその居宅において日常生活を営むことが困難となったと認める場合又は利用者が介護保険施設への入院又は入所を希望する場合には、**介護保険施設への紹介その他の便宜の提供を行うものとする**」と規定されており、入所に伴う手続きの支援をすることはケアマネの本来業務です。ただし、安易に手続き書類の記入代行を引き受けるのではなく、将来的に必要となる支援も見据えた対応を検討することが求められます。

　何も対応をしないことで、Bさんが希望する施設に入所できない可能性が生じます。また、ケアマネがよく考えずに、入所申込書を記入してしまった場合、後々調べるとBさんの身元保証人となり得る人が現れたりするなどし、トラブルに発展する危険性もあります。また、運営指導等で、書面上にBさんの意思であるかどうかがわからなければ、**適切なケアマネジメントを実施していないとみなされてしまう懸念**もあります。

コラム **施設入所と身元引受人**

　実は、施設入所に関しては、法的に身元保証人を必須とすることは要件ではありません。むしろ**正当な理由なくサービス提供を拒んではならない**と定められており、身寄りがなくても受け入れなければならない、と考えられます（指定介護老人福祉施設の人員、設備及び運営に関する基準（以下、特養基準）第4条の2）。サービス提供を拒むことができる正当な理由としては、具体的に「入院治療の必要がある場合、その他入所者に対し自ら適切な指定介護福祉施設サービスを提供することが困難な場合」（指定介護老人福祉施設の人員、設備及び運営に関する基準について（以下、特養基準の解釈通知）第4の2）と示されています。このように当該利用者に対しサービスを提供することが明らかに難しいような場合でなければ、入所を断ってはならないのです。

　現場では、利用者に家族がいなかったり、病院受診の付添ができる人がいなかったりすると施設が受け入れに否定的な場合もあります。入所したい施設が頑なに拒むのであれば、行政にこの規定を根拠に指導してもらうよう相談することも一案です。

 **入所申込書の記入代行まではしないが、施設側と連携して、利用者がサービスを受けられるよう調整する！**

2 ③ 医療費等の申請や支払い手続きの代行

　Cさん（84歳、女性）は、脊髄小脳変性症を患っている夫（要介護1）と二人暮らしをしています。医療費の助成を受けるようになり、ケアマネの訪問時、医療費領収書を添付した書類を「近くに行ったついででいいから市役所に出してきてくれない？」とお願いされました。

Q. あなたなら、どのように対応しますか？

A 「申し訳ないですが、お預かりできません」とお伝えし、別の対応方法を検討する。

B 「近いうちに市役所に行くので、ついでにお持ちしますね」と領収書を預かり対応する。

正解： **A**

判断のポイント：
　ケアマネの主業務は他機関等との連絡調整。原則として自らが利用者や家族の手足となって申請を代わりにすることはできない！

選択肢の解説

A ケアマネは月に1度、モニタリングを行い、原則として利用者宅を訪問するため、さまざまな雑用をついでに頼まれがちです。
　本事例のように医療費に関する必要な手続きであれば、「これくらいなら」と応じたくなるかもしれませんが、自分の業務範囲ではないことをしっかり説明し、理解を求めましょう。
　一方で、脊髄小脳変性症のような難病の医療費助成を支援するような機関があるわけではないため、書類作成や提出のサポートについて、**訪問介護や訪問看護等**を利用できないか、調整することはケアマネの役割です。

B 介護給付等対象サービス以外の保健医療サービスや福祉サービスもケアプランに位置づけられることが規定されている以上、申請にかかわるサポートはケアマネ業務の一環と考えられますが、直接ケアマネが申請を代行することは業務範囲外でしょう。

ちょっと深掘り！

体力等の問題で利用者や家族が市役所に持参することが難しい場合

持参しなければならないとは限らず、**郵送等で代替できないか**市役所に尋ねてみるとよいでしょう。市役所に確認することであればケアマネが連絡調整の一環として行ってもよいと考えられます。どうしても持参しなければならない場合は、**訪問介護や介護タクシーを手配**します。

難病のある利用者が医療費の助成を受けられること自体を知らない場合

利用者のかかりつけ病院の医療ソーシャルワーカー等からも説明があることと思いますが、ケアマネとして、**利用者にプラスになるような情報は積極的に提供**することが求められます。そのためにも、日頃から介護保険制度をはじめとした関連分野の制度・サービスの最新情報を理解しておくよう努めることが重要です。

法的根拠

▶介護保険法第7条第5項
▶運営基準第13条第4号

　運営基準第13条第4号では、「介護支援専門員は、居宅サービス計画の作成に当たっては、利用者の日常生活全般を支援する観点から、**介護給付等対象サービス以外の保健医療サービス又は福祉サービス、当該地域の住民による自発的な活動によるサービス等の利用も含めて**居宅サービス計画上に位置付けるよう努めなければならない」と定められており、利用者はさまざまな制度・サービスを駆使し、望む生活を実現していくことになります。それに伴い、ケアマネは利用者がそれぞれの制度・サービスを活用できるよう申請手続き等をサポートしますが、どこまで行うのかは、ケアマネ業務の中核の「連絡調整等」に引き合わせて、判断していく必要があるでしょう。

　医療費助成を受けるための大切な書類を預かることで、その書類を紛失してしまった場合、申請できなくなったり、時間がかかったりしてしまうリスクが考えられます。本来受けられる助成が受けられなければ、**利用者に金銭的な損害をもたらすこと**になり、トラブルの原因となります。

　また、繰り返しになりますが、次々と同種の雑事を頼まれ、ケアマネの時間と労力を奪われるリスクもあります。

> **コラム** 障害者支援施設における医療費関連業務
>
> 　筆者の経験に基づく認識ですが、障害者支援施設では、施設の事務局が利用者の医療費関連の手続きを一手に担っている場合が多いようです。高額療養費の還付手続きや、各種補助金の申請等の作業です。
>
> 　本来はこうしたお金関連の業務は知的障害等の人に成年後見人が就き、成年後見人が責任をもって行うべきなのですが、現場ではなかなか成年後見制度が普及していないのが実情です。家族も遠方にいたり、高齢であったりという理由でかかわることができません。
>
> 　その結果、施設の事務員は余計なタスクが増え、見落とし等があると責任を問われてしまう……という悪循環に陥っていることがままあります。これは由々しき事態であり、本来であれば利用者本人のための事務作業は成年後見人がすることが望ましいでしょう。

まとめ 医療費助成の申請を代行することはできないが、別の方法を検討することは重要！

2/4 障害者手帳の申請・変更手続きの代行

　Dさん（87歳、女性）は、幼少期の頃より目が見えず、障害者手帳を所持しています。結婚しましたが、子どもはおらず、夫も5年前に亡くなり、一人暮らしをしています。頼りにしていた親戚も今年に入り亡くなり、親族がいなくなりました。介護保険で訪問介護を週1回利用し、障害福祉サービスでは、同行援護を週2回受け、生活しています。ケアマネが自宅を訪れると、本人より、障害福祉サービスの申請用紙（介護給付費・訓練等給付費・地域相談支援給付費・支給申請書兼利用者負担額減額・免除等申請書＊）に記入して、役所へ提出してほしいとの依頼がありました。

＊市町村によって、名称は異なります。

Q. あなたなら、どのように対応しますか？

 役所の障害福祉課に相談し、書類作成の支援を依頼する。

 ケアマネの仕事ではないので、端的に断る。

正解： **A**

判断のポイント：

　ケアマネ業務の中核は、あくまで介護保険制度。他サービス等の利用については、原則として各担当者につなぐ！

選択肢の解説

A 本事例における申請用紙は、本来利用者本人あるいはその家族が行政に提出する書類ですが、現実的にはケアマネが記載代行し、ケアプラン（同行援護のサービスを記入したもの）を障害福祉課に提出するついでに併せて提出してしまうということも多いようです。

　障害福祉サービスの利用者が65歳になると**介護保険優先**になり、障害福祉サービスから介護保険サービスに切り替わります。

　介護保険にはない障害福祉サービスを引き続き利用したい場合、ケアマネはこれまで利用者を担当してきた**相談支援専門員と連携**し、二重体制で対応することになります。そのため、Aの対応のように役所の障害福祉課に連絡してもよいですし、担当の相談支援専門員に依頼してもよいでしょう。

B ケアマネの本来業務ではないため、断ること自体は誤りではありません。しかし、障害があり、一人暮らしをしている利用者が、利用したいサービスを利用できるよう他機関等につなぐといった対応は必要です。

ちょっと深掘り！

障害分野の相談支援専門員等と連携できる場合

前述のように障害福祉サービスについては相談支援専門員と連携し、対応を任せるということでよいでしょう。しかし、相談支援専門員がいないような場合は、やむを得ずケアマネが障害分野の相談支援の役割も担わざるを得なくなります。この問題は実務上深刻であり、グレーな部分が多いといえますが、介護保険制度の申し子であるケアマネの本来の役割に立ち返り、ケアマネが行うべき業務であるかを見極める必要があります。

利用者本人に申請書作成の能力が備わっている場合

利用者本人が申請の内容を理解し、記載できる能力がある場合、申請先の担当窓口に問い合わせ、**利用者自身が申請できるようサポートを依頼**することもよいでしょう。

法的根拠

▶介護保険法第7条第5項

　ケアマネの業務は「**要介護者又は要支援者**からの相談に応じ」他機関等との連絡調整をすることとされるところ、その対応範囲は原則、介護保険制度の枠内に限られると解されます。そのため、ケアマネが安易に障害福祉サービスに関して利用者の代行を引き受けるべきではありません。もっとも、代行を断ったとしても、利用者が困っていることには変わりないため、**行政につなげ支援体制をつくる**といったできる限りの配慮をすべきといえるでしょう。

　障害福祉サービスの申請手続きは、本来業務ではない慣れない業務であるため、引き受けることでミスをしてしまうリスクがあります。誤記や記載漏れにより、申請手続きに時間がかかってしまうと、利用者が望むサービスを受けるのに時間がかかってしまい、利用者の生活の質の低下を招く危険性もあります。

 障害福祉サービス等の申請書類について、その**名称、提出する時期、概要等を事前に把握**しておくことで、場当たり的な対応ではなく、申請手続きを行うためのサービスをプランニングすることが可能になります。

■障害福祉サービスの申請にかかわる書類(例)

□支給申請書兼利用者負担額減額・免除等申請書
□利用者負担額減額・免除等決定通知書
□障害支援区分認定通知書
□支給申請書
□障害支援区分変更認定決定書
□障害福祉サービス受給者証
□サービス等利用計画案・障害児支援利用計画案提出依頼書
□計画相談支援給付費・障害児相談支援給付費支給申請書
□契約内容（障害福祉サービス受給者証記載事項）報告書
□勘案事項整理票

参照：厚生労働省「介護給付費等に係る支給決定事務等について（事務処理要領）」様式例集

 **介護保険以外の申請手続きは、代行するのではなく、専門分野の担当者につなぐ！**

3
>> 緊急時の対応
勤務時間外の連絡

　ある居宅介護支援事業所（特定事業所加算は未取得）の勤務時間は9時〜17時です。最近、毎日のように18時過ぎに利用者のAさん（83歳、女性、要介護1）から「なんだか具合が悪いんだけど……。自分で皿洗いをしようとすると立ちくらみがして。ヘルパーを増やせないかしら」と社用の携帯電話にかかってきます。いつも長電話となってしまい、ケアマネは対応に苦慮しています。Aさんは、老人性うつ病の診断を受けており、精神的に不安定な面もあります。

　ある日、いつものように18時過ぎにAさんから電話がありましたが、ケアマネは応答できませんでした。すると留守電に「息が苦しい……目の前が真っ暗で苦しいの。助けて」と喘ぐ声が録音されていました。

Q. あなたなら、どのように対応しますか？

 勤務時間外であり応対する義務はないため、無視する。

 非常事態の可能性が高いため、救急搬送を手配する。

正解： **B**

判断のポイント：

　勤務時間外であったとしても、利用者の命が危ないときは例外的に最低限の対処をする。

選択肢の解説

A　ケアマネは契約上、利用者に対しその**生命・身体の安全を守る義務（安全配慮義務）**を負っており、これが具体的な場面においてどの程度拘束力をもつようになるか（ケアマネの義務であり、業務範囲内といえるか）が問題となります。

　本事例のように利用者の命が明らかに危険にさらされており、緊急性が高いと認められるときは、勤務時間外で応対する義務はないとはいえ、**医療につなげる等最低限の措置**が求められると解すべきでしょう。

B　悩ましいのが、Aさんがいわゆるオオカミ少年のような人で、これまでも苦しいといった訴えはあったものの駆けつけてみたらケロっとしていた……といったエピソードがある場合です。「今回も演技ではないか」と思えるような事情が十分認められるのであれば、例外的に対応しないということも考えられなくはありません。

　しかし、相手は高齢者ですから、いつ体調が急変してもおかしくありません。大事をとって**「まさか」が起き得るという意識**で対処すべきといえるでしょう。

ちょっと深掘り！

事業所が特定事業所加算を取得している場合

特定事業所加算の要件として「**24時間連絡できる体制を確保**し、かつ、**必要に応じて利用者等の相談に対応する体制を確保**していること」が課され、これは常時、担当者が携帯電話等により連絡をとることができ、必要に応じて相談に対応することが可能な体制をとっていることを意味します。

　この場合は、本事例のように非常事態でなくとも、普段から営業時間外でも利用者からの電話等に応対する必要があるといえます。ただ「利用者等の相談に対応する」ことはあくまで「必要に応じて」とされているため、その話の内容が不要不急の内容であれば「営業時間内にお願いします」と断ることができます。

　例えば、本事例のAさんの普段の相談内容（ヘルパーを増やしてほしい）は、通常のケアマネジメントにかかわる内容ですから、「翌日の午前9時以降にお願いします」と断ってもよいでしょう。

自分がどうしても最低限の対応を行うことも難しい場合

緊急性が高い場合、事業所内の同僚や上司に助けを求めましょう。

法的根拠

▶**介護保険法第7条第5項**
▶**刑法第218条（保護責任者遺棄等）**

　刑法第218条には、「老年者、幼年者、身体障害者又は病者を保護する責任のある者がこれらの者を遺棄し、又はその生存に必要な保護をしなかったときは、3月以上5年以下の拘禁刑に処する」と定められています。ケアマネが保護責任者であると考えるかは難しい部分もありますが、目の前で明らかに生命の危機のある利用者を放置しておけば、保護責任者遺棄罪に問われる危険性もあり得るでしょう。

　勤務時間外であるからといって、留守番電話の内容を無視すると、その後利用者の容態が悪化して、死亡にまでいたるといったことが生じる危険性があります。このような状況では、ケアマネが利用者に必要な救助をしなかったとして**損害賠償を請求されるリスク**もあります。

　なお、留守番電話の内容に気づかず、対応が翌日以降になってしまった場合でも、気づいた時点で何らかの対応をしていれば、責任を追及されることはないでしょう。

　本人の体調が急変した場合等の緊急時の対応として、**緊急連絡先の把握や訪問看護の派遣方法等**について、事前に検討しておくことが求められます。事例のAさんは、老人性うつ病があることから、気分の激しい落ち込みや自殺企図といったリスクもあると考えられ、事前のアセスメントを通じて、**どのような緊急事態が想定されるかをケアチームで共有**しておくことも重要です。

　本事例のように、通常の勤務時間外に地域包括支援センター等に相談しようとしても、つながらない場合も多いです。日頃から、勤務時間外の緊急時対応について、事業所会議などで同僚や上司と相談し、**事業所としての統一的な対応を考えておく**必要があります。

命にかかわる緊急時は、利用者の命を救う最低限の措置を行う！

3/2 利用者や家族からの緊急訪問依頼

　Bさん（88歳、男性）は、次女（58歳）と二人暮らし。次女より朝9時にケアマネ事業所に「父親がトイレで転倒をした。自分では動かすことができないので助けてほしい」と連絡がありました。なお、転倒した時間を聞くと前日の夜であるとのことでした。

Q. あなたなら、どのように対応しますか？

 ケアマネとしてすぐに駆けつける。

 時間がかなり経過しているため、迷わず救急車の依頼をしてもらう。

正解： **B**

判断のポイント：
　ケアマネには利用者の生命・身体の安全を守る義務（安全配慮義務）がある！

選択肢の解説

A 前日の夜に転倒し、そこから朝9時まで同じ場所で放置されていたのであれば、脱水や体温低下等に伴う症状悪化が懸念されます。緊急事態として何らかの対応が必要であるものの、ケアマネが駆けつけたところで、Bさんの状態がよくなるわけではありません。**Bさんの救命につながる措置を実施**します。

　もちろん再発防止の観点から、なぜ一晩中対応がなされなかったのか真相を究明する必要がありますが、ともかくも人命救助を優先しましょう。

B 前事例と同様ですが、ケアマネは契約上、利用者に対し、その生命・身体の安全を守る義務（安全配慮義務）を負っています。本事例のように利用者の命が明らかに危険にさらされており、Aで解説したように緊急性が高いと認められるときは**医療につなげる等最低限の措置**が求められると解すべきです。

ちょっと深掘り！

| 訪問介護や訪問看護のサービスを利用している場合 | 家族にBさんの状態を確認してもらい、救急車を呼ぶほどではない状態であると判断できるのであれば、**緊急でヘルパーや看護師に訪問してもらいBさんを助ける**よう調整することが考えられます。 |

| 同居家族がパニックになってしまっている場合 | 家族から救急車の依頼をしてもらったほうがよいですが、家族が緊急事態に気が動転してしまっているような場合には、電話口から**家族が安心できるような声か** |

けをし、ケアマネから救急車を手配することも考えられます。

法的根拠

▶介護保険法第7条第5項
▶民法第644条（善管注意義務）

　民法第644条には「受任者は、委任の本旨に従い、**善良な管理者の注意をもって、委任事務を処理する義務を負う**」と示されています。これは専門職としてのケアマネが、求められる業務について、一般的な注意を払って行うべき義務を定めたものと解釈できます。

　ケアマネは、「居宅サービス事業を行う者等との連絡調整等」を行い、「要介護者等が自立した日常生活を営むのに必要な援助」を行うことが求められていますが、利用者の生命を守るために、医療につなげる措置をとることはこの義務を果たしていると考えられます。

　救急搬送等の適切な対応をとらなかったことにより、利用者がさらに衰弱等するリスクがあり、それに伴い、ケアマネが利用者に必要な救助をしなかったとして損害賠償を請求されるリスクが生じます。なお、前の事例でも同様ですが、ケアマネ個人への責任追及だけではなく、**ケアマネの監督上の責任者である事業所に使用者責任が問われる可能性**もあります。

コラム　事後対応

　本事例で、なぜ次女はＢさんの転倒後ただちに救急車の要請等の措置をとれなかったのでしょうか。気が動転していたのかもしれません。体重のあるＢさんを一人で抱え起こそうとして、悪戦苦闘しているうちに夜が明けてしまったのかもしれません。いずれにせよ担当ケアマネとしては、事故や緊急事態が生じた後、**再発防止の観点から原因や背景事情を探る必要がある**といえるでしょう。

　考えすぎかもしれませんが、もし次女がＢさんの転倒を認識していながら理由なく放置していたようなことがあれば、ネグレクトの虐待が成立し、刑法上、保護責任者遺棄罪が成立する可能性もあります。ケアマネは利用者のために存在する以上、Ｂさんの生命、身体の保護を最優先するスタンスで事後対応にも取り組みます。

 **利用者の命にかかわる緊急時には、救急搬送等の医療的措置を検討する！**

3

>> 緊急時の対応

3 救急車への同乗

　Cさん（92歳、女性）は、要支援2で一人暮らしをしています。近親者は遠方に住む甥のみで、2か月前より食事が摂れなくなってきており、筋力の低下も目立っていました。配食サービス業者より「Cさんの応答がないので、無事かどうかを確認してほしい」とケアマネに連絡があったため、本人宅に何度も連絡をしましたが、応答がありませんでした。

　その後、モニタリングも兼ねてケアマネが自宅を訪問すると、玄関の鍵はかかっている状態で、庭の窓から確認すると、リビングで倒れているのを発見しました。救急搬送の要請をすると同時に、遠方に住む甥に状況を伝え、窓を割って救出する許可を得ました。救急隊員からは、救急車への同乗を求められました。

Q. あなたなら、どのように対応しますか？

A 救急車に同乗し、本人の情報等を提供する。

B 遠方に住む甥の連絡先、本人の情報を伝えることを約束し、その場から離れる。入院先に地域連携シートを送付する。

113

正解： **B**

判断のポイント：

　利用者の生命にかかわる状況の場合、救急車を呼ぶことは必要。でも、救急車に同乗しなくてもできることはある！

選択肢の解説

A まず、配食業者から連絡があり、安否確認のために利用者宅を訪問すること自体、グレーゾーン業務とも考えられますが、この場合、サービス提供中に生じた状況であり、モニタリングも兼ねてという意味合いでは、利用者宅を訪問することは適切と考えられます。また、利用者宅を訪問し、倒れている利用者を発見した際に、**利用者の生命を守るために救急車を手配することは、ケアマネとして必要な措置**です。しかし、その救急車に同乗して、病院に付き添うことまでするのは、原則、ケアマネの業務範囲外です。この点、厚生労働省の「ケアマネジメントに係る諸課題に関する検討会」中間整理では、「救急搬送時の同乗」は「保険外サービスとして対応しうる業務」に位置づけられています。

B 救急隊員が救急車への同乗を求めるのは、利用者の情報を知りたいためです。**利用者の基礎疾患、服用している薬、アレルギー、延命治療への意思**等を事前に、救急隊員や病院側が知っておくことで、迅速に治療を進めることができるでしょう。逆にいえば、利用者の**情報を伝えることができれば、救急車に同乗する必要性はない**ということです。その場でわかる甥の連絡先や利用者の基本情報を伝え、搬送先の病院を教えてもらった後に、利用者の**入院に必要な地域連携シートを共有する**といった対応は適切であると考えられます。

　また、可能であれば、救急隊員が来るまでの間に、救急隊員に渡せる利用者の基本情報を書いたメモを作成しておくこともよいでしょう。

✚ ちょっと深掘り！

| 救急車に同乗してしまった場合 | 不測の事態により同乗してしまった場合には、ケアマネとして伝えられる情報をプロとして確実に伝え、**病院に到着後は、病院側に情報提供、引き継ぎを速やかに行い、本来業務に戻ります。**もちろん、一人の利用者とじっくり向き合うことは重要ですが、ケアマネは複数の利用者を担当しており、一人の利用者に過剰なサービス提供をすることで、相対的にほかの利用者にかかわる時間が減り、信頼の損失等につながってしまうこともあることを認識しておきましょう。 |

| 訪問介護や訪問看護のサービスを利用している場合 | 利用者に意識があり、救急車を呼ぶほどではないと判断できる場合、**訪問看護師やヘルパーに緊急で訪問をしてもらい、**その後の対応を依頼するといったことも考えられます。 |

法的根拠

▶介護保険法第7条第5項　　▶消防法第35条の10

消防法には、「救急隊員は、緊急の必要があるときは、傷病者の発生した現場付近に在る者に対し、救急業務に協力することを求めることができる」という規定があり、救急隊員がケアマネに同乗を依頼するのは、本法の根拠に基づくと考えられます。しかし、条文に「求めることができる」とあるように、求めることは義務ではなく、またその求めに応じるかどうかも義務ではなく任意です。

ケアマネの本来業務であるほかの利用者宅への訪問やサービス担当者会議の開催、ケアプラン作成を優先し、救急車への同乗を断るのは正当な理由です。情報提供という役割を果たしつつ、「次の予定があるので、同乗はできません」とはっきり伝えましょう。

救急車へ同乗することで、遠方の病院にまで付き添い、大幅な時間をとられてしまうことが考えられます。病院に到着した後も、利用者の治療後の帰宅方法、入院手続き書類の作成等、本来家族や後見人等が引き受けるようなことを次から次へと依頼される可能性もあります。それによって、本来行うはずであった業務ができなければ、ほかの利用者やケアチームメンバーに迷惑をかけてしまうことにもなり得ます。

 救急搬送などの緊急事態のために、次のようなことを日頃から備えておくことが重要です。

■救急搬送等の緊急事態に備えるチェックポイント

□緊急時の連絡先（家族や身近な頼れる人）を確認しておく
□治療中の病気、服用中の薬の情報を理解しておく
□保険証やお薬手帳、マイナンバーカード等の置き場所を確認しておく（一人暮らし高齢者の場合）
□延命治療に対する意思を確認しておく
□「救急搬送時情報提供シート」などを作成しておく
□利用者の状態の悪化をすぐに知らせる仕組みを検討しておく（見守りロボット等）
□緊急時の事業所としての対応方針を確認しておく

 **救急車には同乗せず、情報提供の役割を果たす！**

3/4 手術同意書への署名

　Dさん（80歳、男性）は、妻と離婚後、一人暮らしをしています。一人息子とは音信不通になっており、親戚はいません。ある日、Dさんは胸部あたりの激痛に襲われ救急搬送されました。病院では大動脈解離の診断を受け、そのまま入院することになりました。緊急手術の必要があり、病院側から担当ケアマネに手術の同意書への署名の依頼がありました。

Q. あなたなら、どのように対応しますか？

 **A** 緊急手術で時間がないため、同意書に署名をする。

 **B** どのような緊急事態でも「手術の同意書には署名できません」とはっきり断る。

正解： **B**

判断のポイント：
ケアマネに手術等の医療行為への同意権はない！

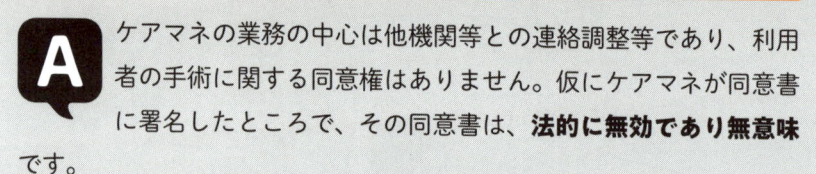

選択肢の解説

A ケアマネの業務の中心は他機関等との連絡調整等であり、利用者の手術に関する同意権はありません。仮にケアマネが同意書に署名したところで、その同意書は、**法的に無効であり無意味**です。

B ケアマネは契約上、利用者に対し、その生命・身体の安全を守る義務（安全配慮義務）を負っているといえますが、あくまでケアマネとしてなし得る範囲の業務に限られます。

　医療機関が「ケアマネでもいいので同意書にサインしてほしい」と求めてしまうのは、同意なく手術をして失敗したようなときに法的責任を問われることを恐れるためということが考えられます。しかし、手術の同意は、原則、医療的処置を受ける本人やそれに準じる親族等しかできません。赤の他人であるケアマネが代わりに**同意する権利はそもそもありません**。その旨を病院に説明し、理解を求めるべきといえます。

ちょっと深掘り！

「同意書がないと手術ができない」と病院に言われた場合

病院側としても、患者本人や家族の同意なしに手術に踏み切ることは傷害罪等に問われかねず、どうしようもないということがあろうかと思います。ただし、それはケアマネが解決できる問題ではないため、**「医療機関で判断してください」と返答する**ことが無難です。

事前に利用者に緊急時の対応について意思を確認していた場合

事前に緊急時の対応や延命措置等について、**利用者本人に確認したことがわかる書面等**がある場合には、本人の意思を尊重する意味でも**医療機関と共有すること**は問題ないでしょう。ただし、仮に事前に緊急時の対応について本人の意思を確認していたとしても、それが口頭によるもので、記録等が残っていないものであれば、共有する必要性は低いといえます。

法的根拠

▶介護保険法第7条第5項
▶医療法第1条の4第2項

医療法第1条の4第2項では、「医師、歯科医師、薬剤師、看護師その他の**医療の担い手は、医療を提供するに当たり、適切な説明を行い、医療を受ける者の理解を得るよう努めなければならない**」と定められています。医療従事者は、患者（利用者）の自己決定権の尊重の観点から、手術などの医療行為を実施する際には、本人へ説明し、同意を得ることが求められています（インフォームドコンセント）。

しかし、本人が意思決定できない状態である場合、成年後見人等の第三者が医療にかかる意思決定・同意ができるとする法的規定はありません。ケアマネ含め、第三者が同意をする必要はありませんし、医療機関も同意書への署名等を強要することはできません。

　ケアマネが同意書に署名をし、手術に踏み切った後、利用者から「勝手なことをするな」等と苦情を受ける危険性があります。特に、**宗教上の理由等で、特定の医療行為を受けられない利用者等もおり**、ケアマネの個人的な判断で署名することは大きなリスクを伴います。

　また、「ケアマネの判断で、手術や入院を受けることになったのだから、手術代や入院費をケアマネが払え」などと金銭補償を求められたりするリスクもあります。

コラム　エホバの証人輸血拒否事件裁判

　宗教（エホバの証人）上の理由で、いかなる場合にも輸血を受けることを拒否する（絶対的無輸血）との固い意思を有している患者がいました。その患者に対し、病院の医師が肝臓の腫瘍摘出手術を施行している最中に、輸血をしない限り救命できない可能性が高いと判断される状態に至ったため輸血を実施したという事案で、医師の説明義務違反が問われた事例があります。

　2000（平成12）年2月29日、最高裁判所は「患者が、輸血を受けることは自己の宗教上の信念に反するとして、輸血を伴う医療行為を拒否するとの明確な意思を有している場合、このような意思決定をする権利は、人格権の一内容として尊重されなければならない」と判示し、本件輸血行為を不法行為としてとらえ、損害賠償の請求を認めました。

　たとえ手術が成功したとしても説明と同意のプロセスが適切でなければ法的責任を問われます。ケアマネとして安易に同意することなく、また、**利用者が適切なインフォームドコンセントを受けられるよう支援すること**が求められます。

 **まとめ　病院から同意書への署名を求められても、その権利がないことを説明し、断る！**

③⑤ ライフライン停止時の対応

　一人暮らしのEさん（88歳、女性）は、ADLの低下や加齢による認知機能の低下があり、外出が困難な状況です。金銭管理を支援するため保佐人がつき、訪問介護でヘルパーが買い物など日常生活の支援をしていました。ある日、ケアマネが自宅を訪問すると、部屋の電気が止められていました。Eさんは、「昨日から電気がつかないから、懐中電灯で過ごした。なんとかしてほしい」と訴えてきました。

Q. あなたなら、どのように対応しますか？

 緊急事態なので、ケアマネが電気料金の支払いに行く。

 保佐人に連絡し、対応してもらう。

正解： **B**

判断のポイント：

　電気、水道、ガス等の契約や支払いは金銭管理を支援している保佐人の権限と責任で行われる！

選択肢の解説

A ケアマネが代金を立て替え、利用者の電気料金を支払ったとすれば、それは法的根拠なく行ったことになるため、そのお金が必ずしも返ってくる保障はありません。ケアマネの主たる業務は各機関との連絡調整等なので、たとえ利用者が気の毒だからといって身銭を切る必要はなく、すべきではないといえます。

B 保佐人は、成年後見制度の一種で、家庭裁判所によって選任され、認知症や精神疾患などの理由で判断能力が低下した人をサポートします。保佐人は、**家庭裁判所から代理権を与えられた場合**は、本事例のように電気の契約等を代行する場合があります。

　今回、電気が止められたということは、何らかの理由で毎月の料金の引き落としができなかったといった事情があったのでしょう。それは不可抗力によるものかもしれませんが、いずれにせよ保佐人の管轄である以上、保佐人が対応すべきといえます。

　仮に保佐人に契約の代理権がなかった場合でも、金銭管理という点においてはケアマネよりは本人に近い存在であることは明らかであり、保佐人に対処してもらうことが妥当であることに変わりはありません。

ちょっと深掘り！

> **真冬や真夏時で、電気を使えないことが命にかかわる危険性がある場合**

この場合は、利用者の命にかかわる可能性があるので、ケアマネの安全配慮義務として**緊急的に入所できるショートステイを手配する、場合によっては救急搬送する**といった対処が必要になります。

> **保佐人と連絡がとれない場合、そもそも保佐人が選任されていない場合**

命にかかわるような緊急対応が必要でない場合であれば、**地域包括支援センターに相談する、ヘルパーに緊急訪問してもらい、支払い代行をお願いする**といったことが考えられます。また、原則は介護保険制度にかかわる連絡調整等の業務が中心ですが、場合によってはケアマネとして、電力会社に連絡して状況を説明し、電力会社と本人との間で契約内容の変更（口座引き落とし等）を検討してもらうといった方法もあり得るでしょう。

法的根拠

▶**介護保険法第7条第5項**
▶**民法第876条の4**

家庭裁判所は、保佐人等の請求によって、被保佐人のために特定の法律行為について保佐人に代理権を付与する旨の審判をすることができると定められています。保佐人が代理できる行為の範囲は、審判によって定められた範囲に限られますが、本事例では、代理人が金銭管理に関して、代理権を付与されていると考えられ、保佐人に手続き等を依頼するのがよいでしょう。なお、本人以外の者の請求によって代理権付与の審判をするには、**本人の同意**がなければなりません。

　仮に、ケアマネが電気料金の支払いを代行しても、法的根拠に基づく行為ではないため、後日返金してもらえないこともあるでしょう。また、一度例外的な対応をすることで、利用者の要求がエスカレートする危険性もあります。

　ケアマネとして何でも一人で対応しようとするのではなく、**組織的な対応を検討**したり、利用者にかかわる**ほかの専門職と連携**したりすることを常に意識することが重要です。

コラム 成年後見人の役割

　保佐人を含む成年後見人等は、ケアマネの主催するサービス担当者会議などに同席する義務はなく、またモニタリングのように定期的に被後見人を訪問する義務もありません。そのため、事例によっては一度も被後見人と顔を合わせずに業務が終了するということもあります。しかし、成年後見人等は被後見人の**財産管理だけでなく身上保護という役割**も担います。成年後見人等があまりに被後見人の生活に無頓着な場合は、監督機関である**家庭裁判所に指導を求める**といった是正措置も考えられます。

 **金銭管理・契約等に関することは保佐人（補助人）がいる場合、その裁量に任せる！**

>> 緊急時の対応

3 6 災害時の避難支援

　Fさん（91歳、女性）は一人暮らしですが、**変形性膝関節症**のため室内も杖をついて移動しています。長男、長女が近県に住んでおり、何かあれば駆けつけてくれますが、**大規模な台風**が近づき、道路が封鎖されてしまいました。その夜、Fさんの住む地域に**避難指示**が出ました。

Q. あなたなら、どのように対応しますか？

A 本人宅に行き、近場の避難場所まで一緒に向かう。

B （日頃から避難経路や家族の連絡先を確認しておいたうえで）隣近所でサポートしてくれる人を探す。

正解： **B**

判断のポイント：

　災害等の非常時でも、原則として連絡調整という主業務の根幹から外れないよう意識して行動する！

選択肢の解説

A 自然災害のとき、自分の安全を顧みず、利用者を保護しなければならない義務はありません。避難指示が生じるような状況のときに、ケアマネが利用者宅を訪問することは大きな危険を伴います。**まずは、自分自身の安全を確保**し、そのうえで、できることを検討していきましょう。

B 災害の多い日本で暮らす以上、日頃からの備えは重要です。特に一人暮らしの避難行動要支援者について、**どのように避難所等まで移動し、どのように家族や友人等に連絡をとるのか**といったことを利用者と考え、話し合っておくことが重要です。ケアマネとして、直接的な支援はできなくても、事前に確認しておいた避難経路や緊急連絡先等をもとに、サポートできる人を探したりすることは適切な対応といえます。

ちょっと深掘り！

> **本人を助けられる人が近くにいない場合**

台風の場合は、地震や噴火等の突発事象に比べ計画的な準備が可能です。家が水浸しになるような事態に備え、**2階で就寝する、救命胴衣を購入しておく**といった万が一の備えを利用者と一緒に考えておきます。そうした危機感をもって、普段から家族とも話題にし、備えておくとよりよいでしょう。

> **利用者を速やかに救助する必要性が迫っているとき**

ケアマネ一人で動こうとするのではなく、警察や消防、行政と協働します。また、避難先として、要介護高齢者が一般避難所で生活を続けるのは難しい場合も多いです。**福祉避難所や介護施設への誘導等、ケアマネとしてできる調整を行うこと**も重要です。

法的根拠

▶介護保険法第7条第5項　▶災害対策基本法第49条の14

　災害対策基本法に、「市町村長は、地域防災計画の定めるところにより、名簿情報に係る避難行動要支援者ごとに、当該避難行動要支援者について避難支援等を実施するための計画（個別避難計画）を作成するよう努めなければならない」と規定されています。市町村によっては、その策定にケアマネの協力を求めるところもあるようですが、それはあくまで「お願い」であって、ケアマネは個別避難計画作成について義務を負いません。

　しかし、一方で、介護保険法上の「自立した日常生活を営むのに必要な援助」に、非常時の避難等も含むと解した場合、いざというときの備えを支援することも業務範囲内であるとすることも可能ではあります。

　そこで、全く避難・防災について考えないのではなく、サービス担当者会議等で**普段から災害等の非常時の避難について話し合い、救助体制を構築しておくこと**が望ましいといえるでしょう。

　救助に向かったケアマネが被災し、生命・身体にダメージを負う、利用者がケアマネの到着を待つことで逃げ遅れるといったリスクがあります。救助の前後で、利用者を守り切れなかった場合、利用者の家族等から責任追及されることも生じます。

　通常時とは異なる状況で、責任感・正義感の強いケアマネほど、何とか利用者を助けなければならない、と動き出してしまうかもしれません。しかし、その行動によってどのようなリスクが生じるのかを落ち着いて考えたうえで、**通常時に築いたネットワークを活かしながら、情報提供や各機関間の調整**といったケアマネとしてできる支援を行います。

コラム **業務継続計画（BCP）の策定**

　2024（令和6）年4月以降、災害時における対策として業務継続計画（BCP）を策定することが、ケアマネ事業所においても義務化されています。このBCPには、ケアマネが担当する個々の利用者の避難計画を盛り込む必要はありません。BCPに記載すべき項目は以下の3点です。

a　平常時の対応（建物・設備の安全対策、電気・水道等のライフラインが停止した場合の対策、必要品の備蓄等）
b　緊急時の対応（業務継続計画発動基準、対応体制等）
c　他施設及び地域との連携

　もちろん、可能であればできる範囲で利用者の安否確認等の活動をすることが望ましいといえますが、あれこれ欲張り過ぎることは逆効果です。まずは自分自身や家族等大切な人の身の安全の確保を優先するようにしましょう。

出典：厚生労働省老健局「介護施設・事業所における自然災害発生時の業務継続ガイドライン」をもとに作成

まとめ　日頃から災害時の対応を、利用者・家族、ケアチームとともに確認しておくことが必要！

>> 緊急時の対応

一人歩き（徘徊）時の引き取り

　Gさん（72歳、男性、要介護1、軽度認知障害）は、妻（要支援2）と二人暮らしです。最近、妻もつじつまの合わない言動や約束事ができない等の症状が出始めています。

　Gさんは1日に1時間程、家の近所を散歩することが日課です。慣れた道順でしたが、ある日突然道に迷い、自宅から10km以上離れた警察に保護されました。警察署から妻に迎えに来るように連絡が入りましたが、妻は体力的に行けないと拒否しました。そこで警察署はケアマネに連絡し、「家族が来られないので来てもらえないか」と求めました。

Q. あなたなら、どのように対応しますか？

A 唯一の家族である妻が行けないのであれば仕方がないため、ケアマネが自家用車で迎えに行く。

B 介護タクシーを手配する。深夜帯など介護タクシーの手配もつかない場合は、翌朝まで待ってもらう。

正解： **B**

判断のポイント：

　ケアマネの主業務は他機関との連絡調整等であるため、原則として身元保証人のような義務は負わない！

選択肢の解説

A 理屈では明らかに業務外であるとわかっていても、いざ警察や家族から懇願されるとつい手助けしてしまう……ということもあろうかと思います。しかし、極論、利用者を迎えに行かなかったからといって利用者が命を落とすようなことはないため、Aのような対応はしません。

B **介護タクシーを手配する、妻以外に頼れる親族や知人がいる場合、送迎を依頼する**といったことが考えられます。また、可能であればパトカーで送ってもらうよう調整することも考えられます。実際、その場ではケアマネが直接動いてしまったほうが早いということもあるかもしれませんが、長期的な視点で考えると、本来的な役割に立ち戻った対応が重要といえます。

　また、基本的にケアマネの業務は困った事態の予防であり、いざその事態が起きてしまえばケアマネが動いて解決することは想定されていません。その意味では、**事故やトラブルを事前察知し、予防する能力**が重要になります。

ちょっと深掘り！

警察に保護されるような事態が増える場合

何度も一人歩き（徘徊）・迷子・保護を繰り返すようであれば、現実問題として自宅で暮らし続けることが難しいということであるため、施設入所を勧めることも検討できます。並行して、**靴や服にGPS機能の付いたチップを埋め込んだり、近隣住民や交番に事前に話をして注意喚起をしたりする**といった施策を提案することが考えられます。

家族が認知症の人の介護を担っている場合

認知症の人の介護を家族が一手に担っている場合もあります。認知症の症状が進行すると、家族の介護負担は増えます。ケアマネとして、家族の身体的・精神的負担にも気を配り、**家族のレスパイトケア**として、ショートステイやデイサービスを提案したり、家族会や認知症カフェの情報を提供したりする視点も必要です。

法的根拠

▶介護保険法第7条第5項
▶共生社会の実現を推進するための認知症基本法第3条

　本事例の直接的な法的根拠ではないですが、認知症基本法の基本理念として、「認知症の人の意向を十分に尊重しつつ、**良質かつ適切な保健医療サービス及び福祉サービスが切れ目なく提供されること**」「認知症の人に対する支援のみならず、家族等に対する支援が適切に行われることにより、認知症の人及び家族等が地域において安心して日常生活を営むことができるようにすること」が規定されています。ケアマネとして、認知症の人とその家族が地域で暮らし続けられるように、本人の意思を確認しながら、認知症の人が利用できるサービス等の調整を行っていくことが求められます。

　利用者を迎えに行くことにより、ケアマネ自身の時間・体力が浪費されてしまいます。利用者が遠方にいる場合、移動代等金銭的負担も生じるでしょう。また、自宅までの送迎中に事故等に巻き込まれた場合、業務時間外の行動とみなされると、個人で責任を負う必要が生じるかもしれません。さらに、一度呼び出しに応じてしまうことで、ケアマネが家族以上に頼られ、さまざまな場面で呼び出されるようになるリスクもあります。

　一人歩き（徘徊）自体を減らすことは難しい部分もありますが、行方不明の時間を減らしたり、事故等のトラブルに巻き込まれたりしないようにするために、できる対策として以下のようなことが挙げられます。

■行方不明時の事故やトラブルを減らすためのチェックポイント

□民生委員や近隣住民等に一人で歩いている利用者を見かけたら、家族や緊急連絡先に連絡するよう伝えておく

□持ち歩くバッグや服に名前や住所、連絡先を書いたシールを縫いつけておく

□靴や服にGPS機能の付いたチップを埋め込んでおく、GPS端末機をバッグに入れておく

□市町村で実施している「認知症高齢者SOSネットワーク」等があれば登録しておく

□近くの交番に本人の写真等を渡しておく

 **警察等から送迎を求められたら、介護タクシー等の手配をする！**

>> 緊急時の対応

3⑧ 死亡後の手続き（葬儀の手配）

　Hさん（75歳、男性、要介護2）は、肺がん末期の診断を受けています。一人暮らしで生活保護を受給しています。訪問診療や訪問看護が入り、自宅で緩和ケアを行っています。まだ最期をどこで過ごすか、終末期について決まっていません。

　日々、衰弱していく自身の状態に不安になり、Hさんは徐々に自分の死と向き合うようになりました。ある日、Hさんは、ケアマネのモニタリング訪問時に「死亡後の手続きや葬儀の手配をケアマネさんにお願いしたい」と相談しました。

Q. あなたなら、どのように対応しますか？

 ほかに担い手がいないようであれば引き受ける。

B 「ほかの支援機関にも相談してみましょう」と伝え、ケースワーカーや役所の福祉課、民生委員等に自宅で亡くなる可能性があることや本人の意向を共有することを提案する。

正解：**B**

判断のポイント：
利用者の代わりに葬儀社との契約を直接手配することは業務範囲外！

選択肢の解説

A 子どもも、頼れる親戚もおらず完全に独り身という世帯が増えています。そのような場合、担当につくケアマネは、死後のことまで相談されるかもしれません。しかし、ケアマネの業務は「**存命中の**」**利用者の生活支援**なので、死後のことまでかかわることはできません。生前に葬儀の段取りをつける、エンディングノートを書くといったいわゆる終活がありますが、これらを支援することはあっても死後の業務を引き受ける義務はありません。

B 本事例のように完全に身寄りがなく死期が迫っているような場合は、孤独死等トラブルになりかねない事態を避けるためにも、**役所をはじめとした公的機関や死後事務サービスにつなげる**ことが連絡調整業務の一環として認められるものと考えます。また、支援関係者とHさんの終末期や死亡後の望みを共有し、サービス担当者会議などで対応を検討してもよいでしょう。ただ、そこからさらに踏み込んで葬儀社との打ち合わせ等に同席する必要はありません。

なお、利用者の終末期を支援する際には、ACP（Advance Care Planning）の考え方が重要です。**ACPとは人生の最終段階の治療やケアについて、利用者、家族、医療・ケアチーム等が、事前に繰り返し話し合い、本人による意思決定を支援する取り組み**です。利用者本人の意思は、心身の状態の変化等に応じて変化し得るものであり、繰り返し話し合うことが重要です。その話し合った内容を都度文書にまとめ、チームで共有しながら、支援を進めることが求められます。

ちょっと深掘り！

役所等が非協力的で、誰も関与してくれない場合

誰も動かないからといって、消去法的に考え、ケアマネが死後の手続き等に対応する義務はなく、**ケアマネが自ら担うことのない**ようにすべきです。また、個人的な判断で行動すると、利用者自身の本来の意思に沿わない可能性もあるため、地域包括支援センターに相談するなど、つながりを求めるようにします。

利用者が死後事務委任契約を結んでいる場合

死後事務委任契約とは、自身の死後の事務を第三者に委任する契約です。葬儀・埋葬、行政への手続き等を委任することができます。ケアマネは、受任者の情報を知っていた場合、利用者の死亡後に速やかに受任者に連絡し、以後の手続きを一任します。

法的根拠

▶**介護保険法第7条第5項**　　▶**民法第873条の2**
▶**墓地、埋葬等に関する法律第9条**

　墓地、埋葬等に関する法律では、「**死体の埋葬又は火葬を行う者がないとき又は判明しないときは、死亡地の市町村長が、これを行わなければならない**」と規定されています。遺族や相続人がいない場合には、自治体が火葬を行うことになっているため、ケアマネは自治体に情報提供し、つなぐところまでの役割で問題ありません。

　なお、利用者に成年後見人がついており、利用者が死亡した場合に、成年後見人は、「①相続財産に属する特定の財産の保存に必要な行為、②相続財産に属する債務の弁済、③その死体の火葬又は埋葬に関する契約の締結その他相続財産の保存に必要な行為」ができると定められています。

あらゆる方面の手続きをケアマネが代行するとすれば、時間的にも、体力的にも大変な労力となります。一人ひとりの利用者を大切に思う気持ちは重要ですが、必要以上にかかわることで、**担当しているほかの利用者への支援の時間が奪われる**ことになります。

また、利用者の親族が、死亡後になって現れることもあり、「利用者本人の意向と違った」などと難癖をつけられてしまうリスクもあります。

> **コラム** **身寄りのない認知症者との利用契約を断れる？**
>
> 居宅介護支援事業所は、「身元保証人等をつけなければ契約しません」という条件をつけることは、運営基準違反となり、認められません（運営基準第5条）。したがって、身寄りがない認知症のある人でも引き受け、その利用者の死後は役所に報告し、その後は役所や地域包括支援センターに任せる、という対応が基本となります。

まとめ 死後の手続きについて身寄りがない場合は、自治体の対応に任せる！ ケアマネとして、本人の意思を尊重した終末期の支援は可能だが、直接的に死後手続きをすることはしない。

4 >> 家族への対応

① 家族からの
相談への対応

　Aさん（83歳、女性、要介護1）は、体調不良が多く、入退院を繰り返しています。長女（58歳）と二人暮らしで、長女はAさんの面倒をみるため、就労していません。長女は、「お金のこともあるし、どこかで働いたほうがいいのかなとも思うのですが、この年齢で、母のことも心配だし……」とケアマネに今後の身の振り方を相談しました。なお、長女は今まで就労経験がないといいます。

Q. あなたなら、どのように対応しますか？

A 就労支援をしてくれるハローワークや今後の身の振り方を相談できる機関を一緒に探したり、情報提供したりする。

B 母親のケアマネであるため、長女自身にかかわる相談は受けられないと断る。

正解： **A**

判断のポイント：
利用者家族の仕事と介護の両立支援は、ケアマネ業務の一環！

選択肢の解説

A 厚生労働省は「**仕事と介護の両立支援カリキュラム策定展開事業**」を行っており、それによれば、**利用者家族の「支援」もケアマネ業務に含まれる**といえそうです。

　しかし、その支援の幅が問題であり、例えば本事例の場合、長女の就労支援として何をどこまで行うかは、どこにも規定や判断基準が示されていません。理想は、長女がこの利用者世帯が十分生活していけるだけの収入が見込める仕事に就くことかもしれませんが、そのためには多くの求人情報を収集し、履歴書の作成から面接まで実行しなければなりません。

　そのような状況にどこまでケアマネがかかわるべきかが問題となりますが、筆者個人としてはあまり深入りしすぎず、あくまで「**利用者自身のケアマネジメントに何らかの関係性があるか否か**」により判別すべきと考えます。理想的な目標の達成まで伴走し続ける必要はありません。

　本事例では、一通りの情報は提供しますが、後は長女の自主性に委ね、自分で面談の予約等をとってもらう程度にとどめるべきでしょう。そうしたかかわり方により、よい結果にいたらなかったとしても、それはケアマネの責任ではなく後ろめたさを感じる必要もないのです。

B 正解はAとしましたが、**原則としてケアマネは利用者を支援することが第一義であること**は確かです。その意味ではどこまで長女のために動くべきかは難しいところであり、深入りしすぎない意識も必要です。

138

ちょっと深掘り！

> **長女が能力的に就労できそうにない場合**

診断は受けていないものの発達障害等の可能性があり、通常の就労は難しいことが明らかな場合はどうすべきでしょうか。一般的な支援方法としては、長女の同意が前提となりますが精神科等で診察を受けてもらい、<u>障害者手帳を取得し障害年金その他の支援を受ける</u>ことが考えられます。あるいは受給要件さえ満たせば生活保護という手もあります。

いずれにせよ障害福祉サービスや生活保護はケアマネの専門領域ではないので、<u>地域包括支援センターにつないだり、役所の障害福祉課に相談に行くセッティングをしたりする</u>といった支援が望ましいといえるでしょう。

法的根拠

▶**介護保険法第7条第5項**
▶**運営基準第13条第8号**

　介護支援専門員は、「利用者の希望及び利用者についてのアセスメントの結果に基づき、利用者の家族の希望及び当該地域における指定居宅サービス等が提供される体制を勘案して、当該アセスメントにより把握された解決すべき課題に対応するための最も適切なサービスの組合せについて検討し、利用者及びその家族の生活に対する意向、総合的な援助の方針、生活全般の解決すべき課題、提供されるサービスの目標及びその達成時期、サービスの種類、内容及び利用料並びにサービスを提供する上での留意事項等を記載した居宅サービス計画の原案を作成しなければならない」と定められています。

　同居家族の仕事の問題は利用者自身の生活に大きく影響するため、「生活全般の解決すべき課題」に含まれると考えることができ、ケアマネが検討すべき項目の一環と位置づけられるでしょう。

　「家族支援はケアマネの業務外」として一切長女にはかかわらない……という選択肢もなくはありません。しかし、長女の生活が立ち行かなくなると、今度は利用者Aさんの年金を生活のあてにするようになる、Aさんが入退院するとき等の家族支援が消滅するといった弊害が想定されます。そうなるとAさんの支援はより困難となるため、先々を見通せば**家族の支援も利用者自身の支援につながる**といえ、一定程度のかかわりは必要と考えます。

コラム　働く家族を支えるツール

　就労している家族の状況を整理するためのツールとして、次のようなものがあります。

・仕事と介護の両立計画シート（厚生労働省）

　就労している家族がケアマネに相談したりするためのツールとしては、次のようなものがあります。

・ケアマネジャーに相談する際に確認しておくべきこと（厚生労働省）

https://www.mhlw.go.jp/stf/seisakunitsuite/
bunya/koyou_roudou/koyoukintou/ryouritsu/
model.html

出典：厚生労働省「令和4年度仕事と介護の両立支援カリキュラム策定展開事業」

まとめ

利用者家族への支援も業務範囲ととらえるが、その幅はあいまい。
深入りしすぎないようなかかわり方のバランスも重要◎

4 ② >> 家族への対応
精神疾患のある家族への対応

少ない…

　Bさん（84歳、女性、要介護3）はアルツハイマー型認知症で、50代の長男と二人暮らしをしています。長男はうつ病と診断され、精神科に通院治療中です。20代の頃から仕事をせず自宅で引きこもり状態となっていました。

　Bさんは、デイサービスを週2回利用しています。朝食や送り出しの準備は、長男が行いたいとのことで対応してもらっていましたが、最近は、長男のうつ症状が悪化し、準備できないことが増えてきています。ケアマネからヘルパーによる支援の導入を長男に提案していますが「自分（長男）がやるからいい」と強く拒否をしている状態です。

Q. あなたなら、どのように対応しますか？

A 長男がやると言っているので、しばらく様子をみる。

B 地域包括支援センターに現状を相談し、長男への支援や新たな介護サービス利用の必要性を検討する。

正解：**B**

ケアマネとしての客観的な判断をし、必要があれば介入する。

選択肢の解説

A ケアマネの業務は、「**要介護者等が自立した日常生活を営むのに必要な援助**」であるところに鑑み、長男任せの支援では不十分であるとケアマネが判断しているにもかかわらず、長男の意向のみを優先し、介入しないのはケアマネの役割を果たせていないと考えられます。

B 家族の意見・意向はあくまで参考意見にとどめるべきであり、第一には**利用者の要望を聞く**ようにします。問題は、利用者自身も「長男がやってくれるからいい」と言い、支援を拒否するような場合ですが、利用者本人の意向を優先し、その結果十分な支援を受けられずデイサービスに通えない……といった事態にいたれば、利用者が自立した日常生活を送れているとはいえません。

　利用者の意向を最大限尊重しつつ、その生活の質を一定程度以上に落とさないよう留意する必要があり、**家族の支援ではケアマネの観点から不十分といえる場合は専門職として介入し**、よりよいケアプランの提案等をしていく必要があります。

　なお、長男はうつ病で通院していることから、うつ症状の悪化がみられる場合、通院中の精神科の医師や精神保健福祉士と情報を共有するなど連携していくことが重要です。

ちょっと深掘り！

> 長男が本人への支援ができず、ネグレクト状態であると判断できる場合

長男が支援できないことによる影響が深刻な場合は、長男が親であるBさんにネグレクト（介護の放棄）をしているのではないか、という問題提起も生じ得ます。

　ネグレクトとは、高齢者虐待防止法（高齢者虐待の防止、高齢者の養護者に対する支援等に関する法律）によれば「**高齢者を衰弱させるような著しい減食又は長時間の放置**（中略）等、**養護を著しく怠ること**」と定義されますが、行為者の主観は問われません。つまり、長男が「自分は親の介護を放棄している」という認識があろうとなかろうと、ネグレクトは成立するということです。

　そうなると、長男としてはできる限りこれまでのようにBさんを介護したいと思っていたとしても、客観的にみて十分ではなくBさんが衰弱しつつあるといった状況であれば、ケアマネを含む周囲の支援者は高齢者虐待防止法に基づき**市町村に虐待通報**をしなければなりません。

　通報を受けた市町村は、長男の説得を試み、Bさんの命が危ぶまれるような場合は老人福祉法に基づきBさんを施設等に強制的に入所させることもあります（やむを得ない措置）。

　このように措置処分はドラスティックであり、後戻りできないという特徴があります。Bさんの命を守ることがもちろん第一ではありますが、Bさんと長男の家族関係に踏み込む際は**最大限の配慮やほかの支援策を講じたうえで行う必要がある**といえるでしょう。

法的根拠

▶**介護保険法第7条第5項**
▶**高齢者虐待防止法第2条第4項第1号ロ、第7条第2項**

　高齢者虐待防止法第7条第2項では、「養護者による高齢者虐待を受けたと思われる高齢者を発見した者は、速やかに、これを市町村に通報するよう努めなければならない」と定められています。本事例では、高齢者虐待とまではいえませんが、利用者への支援が不十分であると判断できれば、ケアマネとしてすぐに介入する必要があります。

誤った対応により生じるリスク

　支援が不十分な状況が続くと、利用者がさらに衰弱等するリスクがあります。また、利用者だけでなく長男も、「Bさんの支援をしたい」と考えていても、うつ病によってなかなか思うようにできないという状況から、精神的・肉体的にも追い詰められてしまうリスクもあります。

> **コラム　分野を超えた支援の必要性**
>
> 　2021（令和3）年4月、社会福祉法の改正により「**重層的支援体制整備事業**」が施行されました。
>
> 　この事業は、市町村がこれまで実施してきた相談支援や地域づくり支援の取り組みを活かして、高齢・障害・子ども・生活困窮といった分野別だけでは十分対応しきれないような複雑化・複合化した課題に対応する取り組みを行うものです。
>
> 　これまで個別に対応されてきた高齢や障害の各分野を超えて、連携して取り組むことで、さまざまな困りごとの解決につながる支援を目指します。
>
> 　ケアマネも精神疾患のある家族の抱える問題等に無関心でいるのではなく、地域包括支援センターや行政の障害者支援課等の他機関と幅広く柔軟に連携していくことが求められているといえるでしょう。

まとめ　本人や家族の意向は、尊重しつつ、利用者の自立した生活を守れるよう、ケアマネとして介入する。虐待が疑われる場合には、市町村に通報する！

4-③ >> 家族への対応
ヤングケアラーへの対応

　Cさん（48歳、女性）は、大腸がん末期の診断を受けています。Cさんは自宅で亡くなりたいとの意向が強く、ホスピスから自宅に戻ってきました。夫とは死別しており、近親者は同居の長女（高校生）一人です。

　Cさんが動けなくなり、お金の余裕もなく長女が介護や家事全般を担っています。日中はCさんの面倒をみる人がいないので、学校を早退して介護をしている状況です。ケアマネの自宅訪問時、長女より「母の介護がつらい、母の死と向き合うことが耐えられない」と相談を受けました。

Q.　あなたなら、どのように対応しますか？

A 長女の話を傾聴し、長女の負担軽減につながる訪問介護・訪問看護、訪問診療の導入等をケアプランに盛り込むようにする。

B 家族のことは介護保険外となるため、ケアマネはかかわれないと伝える。

145

正解： **A**

判断のポイント：
　長女（家族）が安心して暮らせるように支援するのもケアマネの役割。

選択肢の解説

A ヤングケアラーの相談に乗ることがケアマネの業務範囲かというと、事例4-①（p.138）で解説したように家族の相談に乗ることが間接的に利用者本人の支援につながるのであれば、業務範囲内といえます。

　本事例の場合、長女はCさんの唯一の家族であるため、長女の存在はCさんが在宅生活を継続するうえで重要といえます。だからといって、長女だけが犠牲になることは当然望ましくありません。

　ケアマネとして、長女のケアの負担を軽減するためにも**訪問介護・訪問看護、訪問診療等を導入すること**を検討します。母親の病状に関して、訪問診療医より詳細を伝えてもらい、精神的なサポートをしつつ、長女が通学や友達付き合い、ヤングケアラーのつどいへの参加など自分のことができるようケアプランを構築することが考えられます。また、長女が、Cさんが亡くなった後も安心して暮らしていけるように経済的な課題等についても、**地域包括支援センターや役所に相談しておくことも**検討する必要があります。

 ヤングケアラーへの支援は、ソーシャルワーカーや看護師等、関連領域の専門職が協働して担っていく必要があります。「介護保険に関係ないから」と何もしないのは、適切ではありません。

ちょっと深掘り！

> 長女が明らかにつらそうに
> しているにもかかわらず、
> 長女から相談がない場合

ケアマネとしてどこまで家庭の事情に深入りするかという問題もありますが、長女の存在はCさんにとっても欠かせないはずであり、見て見ぬふりをすることはできません。困っていることはないか、長女に声をかけ、**状況の把握に努めることが望ましいでしょう**。

しかし、そこからさらに踏み込んで、長女に介護者の集い等への参加を勧めることや、学校や行政機関に情報提供するといったことまでは勇み足の場合もあるでしょう。長女自身の思いも揺れ動いており、デリケートな内容でもあるので基本的には傾聴を丁寧に行っていくことが望ましいと考えます。

法的根拠

▶介護保険法第7条第5項
▶子ども・若者育成支援推進法第15条、第16条

子ども・若者育成支援推進法第15条では、子ども・若者育成支援に関連する分野に従事する関係機関等による支援と責務を規定しています。居宅介護支援事業所がこの関係機関に含まれると考えれば、ヤングケアラーに対して次のような支援を行います。

① 社会生活を円滑に営むことができるようにするために、関係機関等の施設、子ども・若者の住居その他の適切な場所において、**必要な相談、助言又は指導を行うこと**。
② 医療及び療養を受けることを助けること。
③ 生活環境を改善すること。
④ **修学又は就業を助けること**。
⑤ 前号に掲げるもののほか、社会生活を営むために必要な知識技能の習得を助けること。
⑥ 前各号に掲げるもののほか、**社会生活を円滑に営むことができるようにするための援助を行うこと**。

　ケアマネが長女の状況を見て見ぬふりを続けてしまうと、長女が体力的、精神的な限界を迎え、Cさんの在宅介護体制が崩壊するリスクがあります。そうなれば、Cさんの望みである「自宅で最期を迎える」ことは叶いません。

> **コラム　ケアマネとヤングケアラー**
>
> 　日本ケアラー連盟の定義によれば、ヤングケアラーとは「家族にケアを要する人がいる場合に、大人が担うようなケア責任を引き受け、家事や家族の世話、介護、感情面のサポートなどを行っている、18歳未満の子ども」とされています（2025（令和7）年2月末時点）。
>
> 　2024（令和6）年4月の報酬改定により、特定事業所加算の算定要件として「家族に対する介護等を日常的に行っている児童（ヤングケアラー）や、障害者、生活困窮者、難病患者等、高齢者以外の対象者への支援に関する知識等に関する事例検討会、研修等への参加」が義務づけられました。
>
> 　まだまだ世間では認知されていないようですが、ヤングケアラーの存在を一人でも多くの人が知り、ケアマネとしても、ヤングケアラーの存在に気づき、気にかけることが求められます。

まとめ　ヤングケアラーの存在に気づいたら、その状況を把握し、支援を展開する。

4 仕事と介護の両立への支援

　Dさん（78歳、女性、要介護1）は一人暮らしですが、近所に長女（54歳）がおり、時折長女がDさんに着替えや食事をもってきて面倒をみています。

　Dさんは、デイサービスに週2回楽しく通い、長女は介護しながらも、長年勤務している会社で何とか働けていました。

　ある日、Dさんが脳梗塞を発症し、入院することになりました。右半身に麻痺が残り、排泄も一人では難しい状況です。その結果、要介護3の認定となり、認知機能も大分衰えたようです。

　長女は不安を募らせ、「仕事を辞めたほうがいいのか」とケアマネに相談しました。

 **Q.** あなたなら、どのように対応しますか？

A 「そう思われるのであれば、後悔しないように辞めてはどうでしょうか」と提案し、仕事を辞めてDさんと同居することを勧める。

B 仕事と介護を両立できるようなケアプランを考案する。

正解： **B**

判断のポイント：

　安易に退職を勧めるのではなく、仕事と介護を両立できる体制を整備していくのが、ケアマネの役割。

A 少子高齢化が進む昨今、介護を理由に仕事を辞めざるを得ない「介護離職」が社会問題となっています。

　日本介護支援専門員協会は近年、仕事と介護の両立支援のスペシャリストとして「**ワークサポートケアマネジャー**」を創設し、家族等の介護を抱えている社員等が、仕事と介護を両立できる社会を目指し、社員等が介護をしながら意欲的に働けるようサポートしています。

　本事例でも、担当ケアマネとしてはそのような**専門職や機関につなげること**が効果的です。個人の判断でアドバイスすることは避けましょう。

B 仕事はいつでも辞めることができますが、一度辞めてしまうと職を得ることは非常に難しい場合が多いといえるでしょう。そのような観点から、離職しかないと思い詰めている長女に別の道（選択肢）を示し、**視野を広くもってもらえるよう努めること**が、連絡調整を旨とするケアマネの本来の業務の一環であるといえます。

　ただし、長女を無理に説得する必要まではなく、そうすべきでもないと考えます。最終的には当人の人生の問題であるため、一ケアマネが干渉すべきことではありませんし、説得に従ったが思っていた状態と違ったようなとき、ケアマネとして責任を負いきれないからです。

　介護保険サービス以外に活用できそうな**インフォーマルサービスや、育児・介護休業法の制度、介護休業給付金等**の支援の存在を説明し、役所への相談等を促すこともよいでしょう。

3

36
の
事
例
で
わ
か
る
！
グ
レ
ー
ゾ
ー
ン
業
務
の
見
極
め
方

ちょっと深掘り！

長女が疲弊しており、離職しても介護を担うことは難しい場合

長女がどんどん追い詰められると、最悪Dさんに手をあげるなど虐待に至る可能性もあります。そうならないよう、**レスパイト目的でショートステイをケアプランに入れたり、施設入所を早い段階で提案したり**する等、先回りして支援することが重要です。

長女から介護離職に伴う手続きを頼まれた場合

離職に伴う会社やハローワークへの手続きについて、長女は支援が必要な状況ではなく、ケアマネの業務範囲外でもあるため、断ります。なお、介護を理由とした離職の場合、「**特定理由離職者**」として、一般よりも長く失業保険の受給を得られる場合がありますが、こういった一般的な情報を共有する程度であれば、不適切とまではいえないでしょう。

法的根拠

▶介護保険法第7条第5項
▶育児休業、介護休業等育児又は家族介護を行う労働者の福祉に関する法律（育児・介護休業法）第11条〜第16条

　本事例の直接的な法的根拠ではありませんが、育児・介護休業法の第3章（第11条〜第16条）には、「**介護休業**」が規定されています。ケアマネとして、介護と仕事との両立で悩んでいる利用者家族に対して、それを支える制度について、説明できるようにしておくことが重要です。

　ケアマネが踏み込んだアドバイスをすることで、それに長女が従い、思い描いていたような結果が得られなかったときに責任追及されるリスクが生じます。特に、経済的に厳しくなったり、長女の介護負担が増加したりすることで、Ｄさんの在宅生活へ影響が及ぶことも考えられます。

コラム　育児・介護休業法について

　育児・介護休業法とは、育児や介護を行う人を支援して、仕事と家庭を両立することを目的とした法律です。介護休業や休暇制度の導入、介護を容易にするための所定労働時間等の措置等が雇用主に義務づけられています。

　2025（令和7）年4月1日から改正法が施行され、企業に次のような（努力）義務が課されます。

・**介護休暇を取得できる労働者の要件緩和**
・**介護離職防止のための雇用環境整備**
・**介護離職防止のための個別の周知・意向確認**
・**介護のためのテレワーク導入等**

　こうした仕事と介護の両立を支援する取り組みや世の中の動きについてもフォローすることで、利用者により実践的なアドバイスができるでしょう。

まとめ　家族の不安を取り除き、かつ利用者が自宅での生活を続けられるよう、利用できる多様なサービスを提案する。仕事と介護を両立できるようサポートする！

>> 家族への対応

家族による虐待の発見時の対応

4 - 5

　Eさん（78歳、女性、要介護2）は、糖尿病による末梢神経障害があります。また、既往歴として、50代のときに、統合失調症、うつ病を患いました。

　家族は、引きこもりの長男（50代）、夫（80代、自立）の三人暮らしです。夫は、アルコールが入ると人格が変わり、大声を上げることがあります。ある日、ケアマネが自宅にモニタリング訪問したところEさんの両腕にあざを発見しました。本人に確認すると「夫に殴られた」との返答がありました。

Q. あなたなら、どのように対応しますか？

 **A** 夫と話し、暴力をふるうことはやめるよう説得する。

B 本人の状況、家族の様子を可能な範囲で確認するなど情報を収集し、事業所内や地域包括支援センターに相談して役所につなげる。

正解： **B**

判断のポイント：
　虐待の可能性がある場合、ケアマネは高齢者虐待防止法に基づき市町村に通報する義務がある！

A 養護者本人への説得は、ケースによっては有効な場合もあるかもしれませんが、ケアマネが一人で解決しようとすることは危険を伴い、また虐待の防止につながる確証もないため、おすすめできません。

　なお、夫がアルコール依存症の可能性がある場合には、専門の医療機関につなげることも検討します。

B 高齢者虐待防止法では、虐待を受けたと思われる高齢者を発見した者は**市町村に通報する**ことが義務づけられています。その意味では本事例でも、地域包括支援センター等に相談することなく、直接市役所に連絡すべき、となるのですが、実際にEさんが殴られた瞬間を見たわけでもないので、確証がもてず、躊躇してしまうということもあるかもしれません。一刻を争う事態のときは別ですが、このように**関係者と協議しながら進めていく**ということが実務上はスタンダードとして考えられます。

　なお、2021（令和3）年の介護報酬改定に伴い、全事業所が虐待防止の対策を講じることが義務づけられました。ケアマネ事業所も、虐待防止の指針を策定し、**虐待防止委員会（虐待の防止のための対策を検討する委員会）を定期的に開催し、研修をしなければなりません**（運営基準第27条の2）。

ちょっと深掘り！

| 虐待であるかが明確でないとき | 家族に話を聞いた結果、虐待があったとはっきり断定できないと思われるときは、注意喚起にとどめ、状況に応じて地域包括支援センター等と早い段階で連携していきましょう。 |

| 家族の誰が虐待をしたか明らかでないとき | この場合でも、高齢者虐待防止法では虐待の事実があったと思われるときに**市町村への通報**を求めているため、対応に違いは生じません。 |

| 虐待が深刻な状況であるとき | 市町村に通報し、市町村の判断で利用者を施設等で**緊急一時保護**するといった措置が生じます。高齢者虐待防止法第9条では、高齢者の生命、身体に重大な危険 |

が生じているおそれがあると認められる場合には、老人福祉法第10条の4第1項（居宅サービスの措置）、第11条第1項（養護老人ホーム等への措置）を講じることが規定されています。

4

家族への対応

法的根拠

▶高齢者虐待防止法第7条

　「養護者による高齢者虐待を受けたと思われる高齢者を発見した者は、当該高齢者の生命又は身体に重大な危険が生じている場合は、速やかに、これを市町村に通報しなければならない」「養護者による高齢者虐待を受けたと思われる高齢者を発見した者は、速やかに、これを市町村に通報するよう努めなければならない」と定められています。また、ケアマネは職務上、**高齢者虐待を発見しやすい立場であること**から、高齢者虐待の早期発見に努めなければなりません。

　虐待の可能性を察知したにもかかわらず、関係者と連携せずに直接夫を説得するなどの対応をすることで、夫が逆上し、Eさんがさらなる被害に遭う可能性があります。また、夫はアルコールが入ると人格が変わってしまうため、虐待の自覚がない可能性もあり、本人に注意したとしても意味をなさない場合もあります。

　なお、ケアマネには守秘義務がありますが、虐待の通報は、個人情報の保護に関する法律の第三者提供の制限における例外規定に該当するため、**本人の同意を得ることなく、利用者・家族の情報を関係機関に共有することができます。**

図　養護者による高齢者虐待のスキーム

【市町村の責務】

　相談・通報受理、居室確保、養護者の支援

【都道府県の責務】

　市町村の施策への援助等

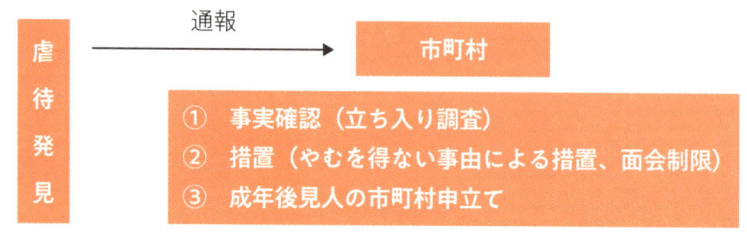

出典：厚生労働省老健局「市町村・都道府県における高齢者虐待への対応と養護者支援について」令和5年3月

まとめ　虐待を発見したら、速やかに市町村に通報！　確証がないときは、地域包括支援センターに相談するなど組織的な対応を検討する。

4 6 入所時等のペットの引き取り手

　Fさん（86歳、男性、軽度認知障害）は自宅で長年一人暮らし。ある日階段から転落し、救急搬送され大腿骨頸部骨折の診断を受けました。急遽入院・手術が必要となりましたが、退院しても一人暮らしのため、在宅生活の継続が難しくなると判断し、施設入所を検討することとなりました。

　Fさんは小型犬を飼っていますが、入院したその日から世話をする人が誰もいなくなります。そこでFさんは病院を訪問したケアマネに犬の世話について相談しました。

Q. あなたなら、どのように対応しますか？

A 預かってくれる親族や友人はいないかを尋ね、いなければ保健所や動物愛護センターなどを紹介し、引き取り手を探してもらう。

B 次の飼い主が見つかるまでケアマネが引き取り、面倒をみる。

正解： **A**

判断のポイント：
　ケアマネがペットを預かる義務はなく、また責任が生じてしまうため、原則として預からない！

選択肢の解説

A 　一人暮らしでペットを飼う高齢者世帯が増えているようです。ペットを飼うと散歩やエサの購入、しつけ、衛生管理などさまざまな雑用が生じますが、これらを依頼されてもケアマネが応じることはできません。

　最近では、**ペットシッターやペットのホテル、散歩代行、ペットの葬儀などのさまざまなサービス**があります。そうした情報をある程度提供すれば十分でしょう。

　問題は、どこまでケアマネがそうした情報収集をしてお膳立てをするかです。程度の差こそあれ、基本的にはケアマネが直接関与する内容ではないため、まずは糸口となる機構やサービス業者等を教え、後は利用者本人に連絡をしてもらうようにしましょう。

B 　ケアマネが直接面倒をみることは、避けるべきです。利用者本人が解決できるよう情報提供等の後方支援にとどめましょう。

ちょっと深掘り！

利用者の認知症が重く、利用者自身で解決できそうにない場合

利用者が自主的に動けない場合は悩ましいところですが、事業所内で協議し、ペットの生命維持の観点から関連機関に依頼するなどします。しかし、最低限のサポートにとどめるべき点は変わりません。

犬が衰弱している等、緊急的に保護する必要がある場合

自宅訪問したところ、犬も瀕死の状態である等、余程例外的な場合は、自ら救助することもあろうかと思います。いざというときに備え、<u>動物救急の連絡先やペットのかかりつけ医の情報</u>など、利用者と日頃から話すことができるとよいでしょう。

法的根拠

▶介護保険法第7条第5項
▶動物愛護管理法（動物の愛護及び管理に関する法律）第2条、第44条

　動物愛護管理法の基本原則では、「何人も、動物を取り扱う場合には、その飼養又は保管の目的の達成に支障を及ぼさない範囲で、適切な給餌及び給水、必要な健康の管理並びにその動物の種類、習性等を考慮した飼養又は保管を行うための環境の確保を行わなければならない」とされています。また、罰則規定として、「愛護動物を遺棄した者は、1年以下の拘禁刑又は100万円以下の罰金に処する」と示されています。つまり、ケアマネが、ペットの預け先がないからといって遺棄したりすれば、罪に問われてしまう危険性があります。

　ケアマネとして、ペットの生命を守り、適切な飼育環境を整えられるよう、活用できそうな機関等についてまとめておくことが重要です。

預かった犬が病気になったり、死亡したり、行方不明になったりする等によりケアマネが**管理責任を問われるリスク**があります。また、エサ代や掃除用品等、ペットの世話にかかる金銭的負担が生じるでしょう。

ペットは、利用者にとっては家族のような存在であり、それを一時的にでも預かる責任は重大です。過失があった場合に大きなトラブルとなるリスクは非常に高いです。

高齢者でも安心してペットを飼えるように「飼育保証制度」を設ける団体もあります。飼い主の死亡や病気、一定期間の入院、施設入所等の理由により世話ができなくなったときに団体が引き取り、最期まで面倒をみてくれます。利用者がペットを飼っている場合、もしもの対応をどうするのか、以下のような項目に沿って、利用者に確認しておくことが重要です。

■利用者がペットを飼っている場合のチェックポイント

□利用者本人の体調不良時のペットの対応方法
□ペットの緊急時の預け先
□ペットの救急搬送先
□ペットのかかりつけ病院
□ペットのアレルギー等食事に関する注意点
□ペットの既往歴、服薬歴等医療に関する情報
□ペットの生活維持にかかる費用と将来の引当金の有無　等

ペットを飼う利用者には、緊急時の対応を確認しておく。ペットの引き取りは業務範囲外であるため、最低限のサポートにとどめる。

5 ① サービスを利用するお金がない場合

Aさん（87歳、男性）は一人暮らしで月額4万円程の年金収入がありますが、食べていくのもぎりぎりの生活です。

持病があり薬の管理が必要ですが、年相応のもの忘れがあり、正しい服薬ができていません。主治医から訪問看護や訪問介護の導入の提案がありましたが、経済的に厳しく、サービス導入につなげることが難しい状況です。Aさんからは「ここ数日パンの耳だけでしのいでいる。このままでは生きていけない……」とケアマネに相談がありました。

Q. あなたなら、どのように対応しますか？

A 数日分の食料を調達して届け、年金が入ったらその代金を返してもらう。

B 生活保護の受給申請を検討し、Aさんに提案する。調査や決定までの間の生命維持のために必要な支援を地域包括支援センターと協力し、対応策を検討する。

正解： **B**

判断のポイント：

　生活が立ち行かないような場合は、最低限、生活保護につなげたり、行政の福祉課等に支援を求めたりするといった対応が必要！

A 介護保険法では、ケアマネの業務について「要介護者等が自立した日常生活を営むのに必要な援助」をすると規定されていますが、本事例のような困窮した状況では自立した日常生活を送ることができていないと評価できます。そうした状態を脱するために、ケアマネが**生活保護をはじめとする公的サービスにつなげること**は業務範囲であるといえるでしょう。

　Aの対応について、「食料を届けたい」という志そのものはよいものといえますが、根本的解決にならないため不適切です。

B **生活保護の申請の提案や地域包括支援センターへの相談**は、ケアマネの役割です。Aさんの意向を聞きつつ、経済的な援助を受けられるサービスにつないでいきます。

　生活保護と介護保険の関係については、介護保険の被保険者である場合には、自己負担分が生活保護から給付されます（介護扶助）。生活保護は、他法令等による給付がある場合には、その給付を優先します。

ちょっと深掘り！

| その日食べる食事代や薬代を支払う余裕がないとき | **行政の福祉課に支援を求める**、あるいは**地域の教会やフードバンクなどボランティアサービス**を探すなどして、当座の食糧を得られるよう手配します。 |

しかし、ケアマネが自身のポケットマネーから代金を出す必要はなく、またすべきではありません。

| 生活保護の申請をしたいと本人より申し出があるとき | 生活保護の申請は、**福祉事務所**の担当です。ケアマネは、福祉事務所のケースワーカーに依頼し、Aさんが支給を受けられるかどうかの判断や申請手続きにつ |

いて、一任します。ケアマネ・ケースワーカー間でAさんに関する情報を共有し合えるとよいでしょう。

| 利用者に借金がある場合 | 生活保護を申請するにしても債務整理が必要な場合があります。法テラス等に相談し、弁護士等の専門家につなぐことも検討しましょう。 |

法的根拠

▶**介護保険法第7条第5項**
▶**生活保護法第3条、第4条**

　生活保護法に規定される最低限度の生活とは「健康で文化的な生活水準を維持すること」（憲法第25条第1項　生存権）です。本事例のAさんの場合、最低限度の生活が保障されているとは言い難く、生活保護基準額以下と判断できれば、ケアマネとして申請の手続きを進めていくことが求められます。

　生活保護等につなげない場合、利用者が食事等を十分に摂ることができず、さらに衰弱するリスクがあります。これに伴い、ケアマネが利用者に必要な救助をしなかったとして**虐待（ネグレクト）に問われる可能性**もあります。

　また、Aの対応のようにケアマネの個人的判断で食料を届けるなどした場合、後から代金を返してもらえるとは限らず、金銭的な負担が生じることもあります。

コラム 年金生活者支援給付金について

　年金生活者支援給付金は、2019（令和元）年の消費税率引き上げの際に、消費税増税分を財源として開始された制度です。公的年金等の収入金額やその他の所得が一定基準額以下の人に生活の支援を図ることを目的として、年金に上乗せして支給されます。

　例えば、老齢基礎年金を受給している人は、以下の要件を満たす場合月額5310円を基準に、保険料納付済期間等に応じて算出された額を受給することができます。

①**65歳以上の老齢基礎年金の受給者である。**
②**同一世帯の全員が市町村民税非課税である。**
③**前年の公的年金等の収入金額とその他の所得との合計額が1956（昭和31）年4月2日以後に生まれた人は88万9300円以下、1956（昭和31）年4月1日以前に生まれた人は88万7700円以下である。**

　こうした支援制度を広く知っておくことで、利用者が生活に困窮する前に手を打つことができるでしょう。

 **まとめ** 経済的に困窮している場合、自立した日常生活を送るのに必要なサービスが受けられるよう、活用できる制度につなぐ！

5 ② サービス利用中の利用者の体調悪化

　Bさん（93歳、女性、要介護1）は一人暮らし。70歳の次女がキーパーソンで、同じ県内に住んでいます。Bさんは週2回訪問介護を利用し、生活援助を受けています。

　ある日ヘルパーがBさんの自宅を訪問すると、いつもより元気がない様子。体温を測ると、37度7分の発熱がありました。ヘルパーはケアマネに電話し、「診察を受けたほうがよいのではないか。自分は次の訪問があり、付き添いができないためケアマネさんにお願いしたい」と伝えました。Bさん自身に受診の希望はなく、次女夫婦は外出中なのか電話もつながりません。

Q. あなたなら、どのように対応しますか？

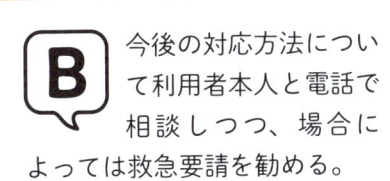

A 都合のよい時間に利用者宅を訪問し、様子を確かめる。体調が悪そうであればケアマネの車で病院に連れていき、受診させる。

B 今後の対応方法について利用者本人と電話で相談しつつ、場合によっては救急要請を勧める。

正解： **B**

判断のポイント：

　容体に変化があったとしても、現地に駆けつけ、利用者の様子をみることは、原則として業務範囲外であり、安易にすべきではない。

選択肢の解説

A 基礎資格が看護師などでない限り、**ケアマネは非医療従事者**であり、利用者の様子を実際にみたとしても、判断がつかない場合もあります。そのため、利用者宅に訪問し、様子を確かめに行く必要性は低いといえます。一方で、ケアマネは契約上、利用者に対し、その**生命・身体の安全を守る義務（安全配慮義務）**を負っているため、利用者の命が明らかに危険にさらされており、緊急性が高いと認められるときは**医療につなげる等最低限の措置**が求められます。医療機関の看護師等に状況を報告し、対応の要否を判断してもらうといった連携も考えられます。

B 本事例では利用者のBさんは意思表示ができる人なので、電話でBさんと**直接話し、その意向や状態を確認**します。緊急性の高い状態でなければ、**キーパーソンの家族に報告する**こと（留守番電話にメッセージを残し、Bさんの容体を伝えるなど）で十分ケアマネとしての役割を果たしていると考えます。

　なお、後日、モニタリング等で訪問した際に、そのときの様子や診察の結果などを確認し、再アセスメントしておくことが必要です。

✚ ちょっと深掘り！

Bさんの発熱が緊急性を要すると判断できる場合	発熱以外の症状がみられるなど緊急性が高い場合は、**救急搬送を手配**します。もしくは、そのときの状態を直接目にしているヘルパーに救急搬送の依頼をします。
Bさん自身から「ケアマネに訪問してほしい」と依頼されたとき	Bさんが希望したとしても、ケアマネの本来業務ではないことを伝え、断ります。ただし、本人の意向に応じて、**訪問看護や往診など、医療的な処置を受けられるよう依頼すること**などを試みます。
Bさんが意思表示が困難な場合	ヘルパーからBさんの容体を詳しく説明してもらい、緊急性が高いと判断した場合は**救急搬送の手配や家族への連絡**を行います。

法的根拠

▶介護保険法第7条第5項　　**▶医師法第17条**

　医師法第17条には「医師でなければ、医業をなしてはならない」と定められています。ここにいう「医業」とは、厚生労働省によれば「当該行為を行うに当たり、医師の医学的判断及び技術をもってするのでなければ人体に危害を及ぼし、又は危害を及ぼすおそれのある行為（「医行為」）を、反復継続する意思をもって行うこと」とされています。

　体温計を用いての体温測定等は「医行為」に該当しませんが、本事例のように実際に利用者をみて自らその状態を評価、判断することは危険を伴うものであり、非医療従事者は極力行うべきではありません。

誤った対応により生じるリスク

　予定外の訪問に応じることで、本来業務（利用者宅の訪問、ケアプラン作成、サービス担当者会議への参加等）ができなくなり、ほかに担当する利用者への**支援の質が落ちてしまう危険性**があります。また、気を利かせて利用者を病院に連れて行くなどした場合、家族等から「連れていく必要はなかった」といったクレームにつながり、診察料等を請求されるリスクもあります。

　一方、利用者本人に状態等を確認することなく、「大したことはない」などとケアマネが判断し、特段の対応をしなかったとすれば、利用者の病状が悪化するリスクがあります。また、ケアマネが必要な救助をしなかったとして、**家族等から損害賠償を請求されるリスク**もあり得ます。

家族等の緊急連絡先は、電話番号だけでなく**ショートメッセージやSNS等、文章で履歴が残る連絡方法**もできれば確保しておきたいところです。緊急時に連絡がとれない場合、メッセージで残しておくことで最低限なすべきことをしたと証明できますし、家族が連絡に気づき、対応してもらえる可能性も高くなるでしょう。

ケアマネが直接訪問するのではなく、利用者の状態に応じて、家族への連絡や医療的な措置を行う。

5/ ③ セルフ・ネグレクトへの対応

　Cさん（85歳、男性）は先月妻を亡くし、一人暮らし。遠方に長男家族が住んでおり、電話でのやりとりは行っています。生活のことはこれまで妻に任せていたので調理や洗濯もできず、銀行関係の書類等もわからない状況です。現在は、訪問介護を週2回入れていますが、それ以外の支援を拒否しています。

　ケアマネ訪問時、明らかに体重が減少しており、衣服も汚れている状態でした。話を聞くと何もかもやる気がなくなっており、食事もほとんど食べていないとのことでした。

Q. あなたなら、どのように対応しますか？

A 本人の気持ちを傾聴し、本人の意欲が上がるようヘルパーと一緒に家事ができるプランを立案するなど、利用者本人ができることを広げる手立てを模索する。

B 本人の意欲が出るよう励まし、デイサービスに行かせる等外部との交流をつくり出す。当分の間はケアマネ自身が食事を差し入れる。

正解： **A**

判断のポイント：
　大切なのは、本人の意向を確認すること。ケアマネの判断でデイサービスの調整や食事の手配を行うことはしない。

選択肢の解説

A ケアマネは利用者の意向やアセスメントをもとにケアプラン原案を作成し、これを実施していくことが本来業務です。

　　本事例の場合、サービス担当者会議を踏まえ、料理や洗濯を教えるのが上手なヘルパーさんを探し、やり方をCさんに教えてもらうといった、**生活再建のためのケアプランを考案することもケアマネの業務範囲内**であるといえるでしょう。Cさんは自立度も高いので、やり方さえ覚えれば自力で生活を再建できるかもしれません。利用者の潜在能力を引き出すはたらきかけを意識しましょう。

B 利用者にデイサービス利用等の意欲が湧いていない段階で、これを強要することは勇み足であり、不適切といえます。**精神的に落ち込んでいる利用者に対し、むやみに励ますことも逆効果**となり得るため、まずは本人の気持ちに寄り添う姿勢が重要です。

　また、利用者が支援を拒否しているからといって、何も介入しないということも、専門職として不適切です。

ちょっと深掘り！

本人の身体状況に著しい悪化（フレイル等）がみられる場合	悪化の度合いが、**利用者の生命・身体の安全にかかわると考えられるとき**は、老人福祉法に基づき、行政に介入してもらい、**緊急で施設に入所してもらう**といった策も考えられます。適宜地域包括支援センターや役所と連携しながら、対応を検討していきましょう（老人福祉法第10条の4、第11条）。

本人に病的な落ち込みがみられ自殺願望がある場合	医療保険による**精神科、心療内科の受診や訪問看護の利用**を勧めることも選択肢として考慮すべきでしょう。

法的根拠

▶**介護保険法第7条第5項**
▶**老人福祉法第10条の4、第11条**

　セルフ・ネグレクト（自分自身による世話の放棄）は、高齢者虐待防止法の対象に入っておらず、支援をしなかったとしても法的責任に問われることはありません。しかし、必要に応じて、高齢者虐待防止法の取扱いに準じた対応として、**やむを得ない事由による措置や成年後見制度の市町村長申立て等につなげること**を検討したほうがよいでしょう。「市町村や地域包括支援センターにおける高齢者の「セルフ・ネグレクト」及び消費者被害への対応について」（老推発0710第2号平成27年7月10日）では、**高齢者の見守りネットワーク等の既存のネットワークや介護保険法に基づく地域ケア会議も有効活用しつつ、セ**ルフ・ネグレクト状態にある高齢者に対応できる**関係部署・機関の連携体制の構築に努めることが重要**であると示されています。

　ケアマネがよかれと思って組んだプランであっても、本人の納得が得られなければ「意思に反して、デイサービスの利用を強要された」などと利用者からのクレームにつながるリスクがあります。また、ケアマネが食事を差し入れる場合、それが腐っていた、アレルギー食材であった等の理由で、利用者の健康をかえって害するリスクもあります。一方、何も支援策を施さないでいても、利用者の体重低下やフレイルの進行等につながる危険性があります。難しいですが、**他機関とも連携しながら、バランスのよい支援方針を検討していく**ことが重要です。

> **コラム**　*グリーフケア*
>
> 　本事例のように配偶者など大切な人を失った人に対しては、「グリーフケア」（**身近な人と死別した人が、悲しみから立ち直れるよう支援すること**）というアプローチの方法もあります。利用者に寄り添い、傾聴することが基本となりますが、ケアマネとして行う以外にも、グリーフケアを提供している身近な専門団体等を探してみてもよいでしょう。

まとめ　**支援の拒否があったとしても、本人の意向や状態に応じたケアプランを考案する！**

5/④ つなぐ先の社会資源がない場合

　Dさん（56歳、男性）は、妻と子どもの三人暮らしです。ある日、Dさんの職場から「最近、Dさんは単純なミスが増え、電話の取次ぎができない。短い間に何度も同じことを聞くなど、明らかに様子がおかしい」との連絡が家族に入りました。病院を受診すると、Dさんは、若年性認知症と診断を受けました。地域には、若年性認知症の人向けの社会資源は少なく、ケアマネのあなたは、若年性認知症の利用者を担当した経験がありません。

Q. あなたなら、どのように対応しますか？

A 自分のスキルでは
かえって迷惑
をかけてしまう
ので、担当を断る。

B 地域包括支援センターや
行政機関にサポートを求
め、連携して対応する。

正解： **B**

判断のポイント：

ケアマネは、社会資源不足や自分のスキル不足を理由にケアマネジメントサービスの利用を断ることはできない！　まずは情報収集から行う。

選択肢の解説

A　初めてのケースで、社会資源も乏しい場合、支援を引き受けるのはハードルが高いと感じるかもしれませんが、まずは**情報収集**に努めましょう。新人であれば、各事業所の会議などで先輩からアドバイスをもらう、一人ケアマネであれば、地域包括支援センターと一緒に進めていくなど一人で抱え込まずに方策を探っていきましょう。

B　認知症は一般に高齢者に多い病気ですが、65歳未満で発症した場合「**若年性認知症**」とされます。働き盛りの世代に多いため、病気によって仕事に支障が出たり、仕事を辞めたりすることになれば経済的に困難な状況に陥ります。

アルツハイマー型認知症であれば、進行を遅らせる薬があり、本人の日常生活動作（ADL）や生活の質（QOL）を維持できる可能性があります。早期であれば理解力や判断力が保たれているので、治療と仕事を両立することや、病気であることを受け入れ、今後の人生を設計する時間が与えられることになります。

各都道府県では、新オレンジプランに基づき、**若年性認知症の相談窓口を設置**し、また**若年性認知症支援コーディネーターを配置**しています。まずはそういった専門機関とつながり、情報を集め、連携して対応にあたることが重要です。

ちょっと深掘り！

若年性認知症の人の家族を支援する場合

若年性認知症はまだ社会の理解や支援体制が整っていないこともあり、認知症者の家庭全体が厳しい状況に陥ります。収入やローン、介護の問題など、本人・家族の悩みは多岐にわたります。本人や家族の心情の揺れ動きに配慮し、安易に当事者会や家族会、プログラムへの参加を促すようなことは控えたほうがよい場合もあります。本人・家族の<u>メンタルダメージへ最大限の配慮</u>をし、少しずつ支援の方針を検討していきましょう。

経済的な問題を相談された場合

大黒柱であるＤさんが職を失うことで、Ｄさん一家の生計を見直す必要が生じる可能性があります。ケアマネとしては、本人・家族が活用できる制度を紹介し、専門機関につなげていきます。休職や退職による<u>傷病手当金や自立支援医療（精神通院）の給付</u>を受けたり、<u>精神障害者保健福祉手帳</u>の申請をして、税制の優遇措置を受けたりするなど、経済的な負担を減らす方法を調べておきます。また、<u>ファイナンシャルプランナーの助力も仰ぐ</u>など、できる限り多様な専門職に協力を呼びかけるとよいでしょう。

Ｄさん以外にも介護等が必要な家族がいる場合

Ｄさん夫婦に介護が必要な両親や親戚、幼い子どもなどがいるかもしれません。そうした状況を聞き出し、<u>家庭内で、介護を受ける人、介護をする人が連鎖的に倒れるようなことがないよう予防策を講じる</u>ことも必要です。

専門機関との密な連携が難しい場合

専門機関が、都道府県に一つしか設置されておらず、密な連携が難しいという場合、まずは、<u>地域包括支援センターや市役所等、身近な機関に相談</u>しましょう。必要があれば、それらの機関と連携し、若年性認知症の人に特化した社会資源を地域に設置していくことも検討します。

▶介護保険法第7条第5項　　▶認知症基本法第16条
▶運営基準第5条

　本事例の直接的な法的根拠ではありませんが、認知症基本法第16条第2項では、「国及び地方公共団体は、若年性認知症の人その他の認知症の人の意欲及び能力に応じた雇用の継続、円滑な就職等に資するよう、**事業主に対する若年性認知症の人その他の認知症の人の就労に関する啓発及び知識の普及その他の必要な施策を講ずるものとする**」と定められています。ケアマネとしても、若年性認知症の人が働き続けることができるように行政機関と連携し、企業側への配慮をはたらきかけたりすることが考えられます。

　また、運営基準第5条に定められる居宅介護支援を拒むことができる「正当な理由」とは、運営基準解釈通知*によれば「①当該事業所の現員からは利用申込に応じきれない場合、②利用申込者の居住地が当該事業所の通常の事業の実施地域外である場合、③利用申込者が他の指定居宅介護支援事業者にも併せて指定居宅介護支援の依頼を行っていることが明らかな場合等である」とされています。特定の分野への支援経験がないといったことはサービス提供の拒否の理由になりません。

＊指定居宅介護支援等の事業の人員及び運営に関する基準について

誤った対応により生じるリスク

　社会資源が少なかったり、対応したことがなかったりするケースを断っていたら、ますます若年性認知症の人への支援体制が進まず、本人や家族の困難さが減ることはないでしょう。若年性認知症に限らず、難病患者や海外にルーツがある人への支援等、十分な支援体制が整っていないケースであったとしても、高齢者の自立生活を支えるという理念にのっとり、**地域ケア会議でその支援の必要性を提案する**など、ケアマネとしてできることを実施していきましょう。

> **コラム** 自費サービスを勧める際の注意点
>
> 　介護保険サービス等の公的な社会資源が不十分な場合、自費サービスを勧めることもあるでしょう。しかし、自費サービスのなかには、認知症の利用者からお金を巻き上げようと価格設定が相場より高かったり、詐欺まがいの業者が紛れていたりする場合があります。こういった悪徳業者に利用者が引っかからないよう細心の配慮をし、ケアマネとして最低限、事前にリサーチをしておくようにしましょう。

まとめ すでにある社会資源の情報を収集し、利用者が確実に活用できるよう、多機関と連携していく！　必要に応じて地域に新たなサービスをつくることも検討する。

グレーゾーン対策！　先読みチェックシート

利用者の状態像を先読みし、いざというときに備えて確認しておくべきことをまとめました。

 金銭管理

- □財布、印鑑の置き場所、管理方法
- □公共料金の支払い方法
- □日常的な物品の購入方法
- □成年後見人の有無
- □年金等の収入
- □補助や助成の申請状況

 体調悪化

- □体調悪化と判断する基準
- □緊急連絡先（家族、病院、事業所等）
- □救急搬送をする基準
- □食物アレルギー、服薬状況

 入院

- □入院バッグの準備
- □入退院時、通院時の送迎手段
- □入院先として考えられる病院の連絡窓口、担当者
- □身元引受人、医療行為の同意者
- □治療にかかる費用の有無

 消費者トラブル

- □トラブル遭遇時の緊急連絡先
- □法テラスや自治体の弁護士相談の窓口や担当者
- □クーリング・オフの方法
- □書類作成等の支援

🛏️ 身体機能低下

- ☐ 買い物や薬の受け取り時の移動手段
- ☐ 福祉用具の活用（ポータブルトイレや自動排泄処理装置等）
- ☐ 有償ボランティアや配食サービス、民間サービス

♿ 他制度の利用

- ☐ 障害福祉サービスの申請書類の名称、提出時期
- ☐ 担当の相談支援専門員の有無
- ☐ 生活保護制度の申請書類の名称
- ☐ 福祉事務所の生活保護担当者
- ☐ 地域包括支援センター相談窓口

🚶 行方不明

- ☐ 発見時の引き取り方法
- ☐ 捜索依頼をする基準
- ☐ 警察、消防、自治体の担当者
- ☐ 緊急連絡先
- ☐ GPS機器や見守りロボット等の活用

🏠 災害

- ☐ 近隣の避難所、福祉避難所の場所と移動手段
- ☐ 防災グッズの準備
- ☐ 地域のネットワーク
- ☐ 避難可能な介護施設
- ☐ 個別避難計画の有無

🐕 ペット

- ☐ 緊急時の預け先
- ☐ ペットのかかりつけ病院
- ☐ ペットの救急搬送先
- ☐ ペットの既往歴、服薬状況
- ☐ ペットの食物アレルギー等
- ☐ ペットの生活維持費の有無

⚰️ 死亡

- ☐ 終末期ケアへの意向
- ☐ 死亡の旨を伝える連絡先
- ☐ 延命治療への意向
- ☐ 自治体の死後事務手続きの担当窓口
- ☐ 死後事務委任契約の受任者

グレーゾーンの見極め方──各事例の分布図

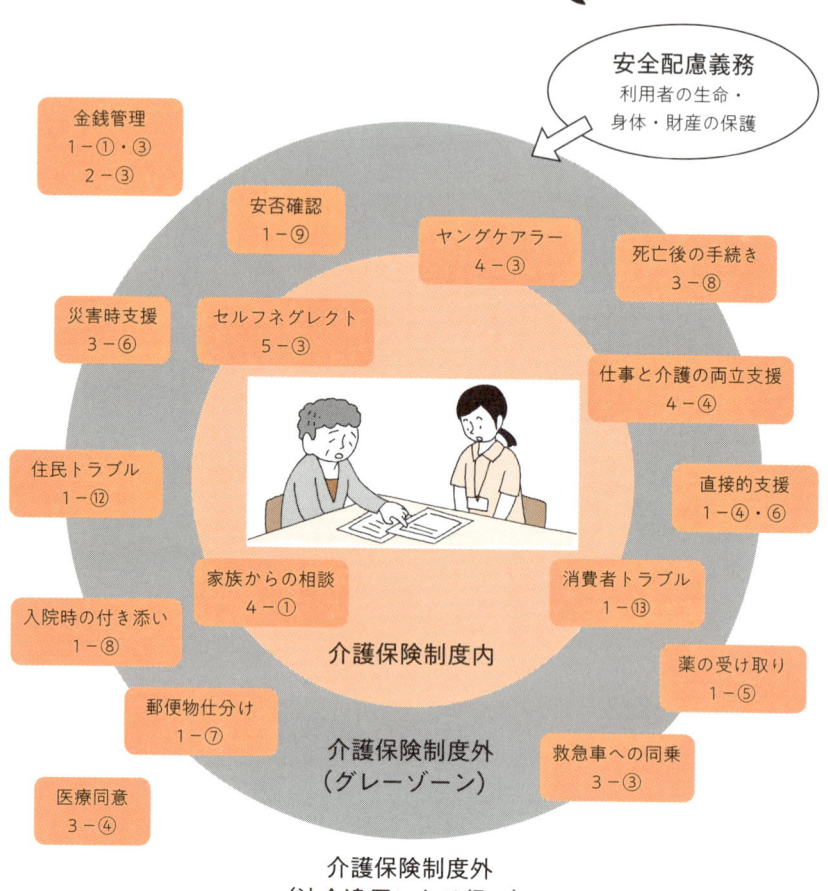

安全配慮義務
利用者の生命・
身体・財産の保護

金銭管理
1-①・③
2-③

安否確認
1-⑨

ヤングケアラー
4-③

死亡後の手続き
3-⑧

災害時支援
3-⑥

セルフネグレクト
5-③

仕事と介護の両立支援
4-④

住民トラブル
1-⑫

直接的支援
1-④・⑥

家族からの相談
4-①

消費者トラブル
1-⑬

入院時の付き添い
1-⑧

介護保険制度内

薬の受け取り
1-⑤

郵便物仕分け
1-⑦

介護保険制度外
（グレーゾーン）

救急車への同乗
3-③

医療同意
3-④

介護保険制度外
（法令違反になり得る）

①ケアマネは利用者のブレーン。自ら手足となって動かない。
②ケアマネの中核業務は他機関との連絡調整。
③利用者の命にかかわる緊急時には、例外的に自ら対処し命を守る。
④家族の問題には、利用者に関係する範囲で対応する。

困った！
こんなときどうする？
クレーム、ハラスメント
への対応

1 介護現場におけるクレーム、ハラスメント

本章では、ケアマネを中心とした介護現場で発生するクレーム、ハラスメントの実態とその対策について解説します。

近年は介護現場における働き手の減少、採用難が顕著であり、人員配置がぎりぎりで運営されているところも少なくありません。一方、介護保険料や物価は上昇の一途をたどり、年金は先細りするなかで、**利用者側の事業所に向ける目線は厳しくなっています。**

そのため、クレームやハラスメントは発生しやすくなっており、さらに、ケアマネに関していえば、もし先々の介護報酬改定によりケアマネジメントへの自己負担割合が導入されれば、ケアマネに向けられるクレームも急増することでしょう。これまで解説してきたグレーゾーン業務についても、より多くの業務範囲外のことを求められ、エスカレートすることが懸念されます。

ハラスメントの種類は、暴力やセクハラ（セクシュアルハラスメント）などさまざまですが、現場で特に多いハラスメントの態様は**カスハラ（カスタマーハラスメント）**です。

厚生労働省は、自サイト「あかるい職場応援団」にて次のように定義しています。

> 顧客等からのクレーム・言動のうち、当該クレーム・言動の要求の内容の妥当性に照らして、当該要求を実現するための手段・態様が社会通念上不相当なものであって、当該手段・態様により、労働者の就業環境が害されるもの

筆者はこれまで、弁護士として居宅介護支援事業所等から次のようなカスハラの相談を受けました。

- ・大声で怒鳴る、机を叩く
- ・自分の親だけ特別扱いを求める

- ・1分でも遅刻すると激怒して怒鳴る
- ・「ショートステイを今日から利用したい」など不可能なことを要求・命令する
- ・揚げ足取り、話のすり替え、重箱の隅をつつくような執拗な責任追及
- ・「訴えるぞ」「営業できなくしてやる」と脅す

　平たくいえば「言葉の暴力」といえますが、ケアマネについては、自己の業務だけでなく併設する訪問介護や通所介護（デイサービス）など、他事業所との連携や他事業所が起こしたミス、事故についても**「連帯責任」を問われがち**という特徴があります。

　「あなたがいい事業所だと言うから信頼して使ったのに、事故が起きてしまった。どう責任をとるつもりだ」等と責められると、どう答えればよいのか困ってしまいますね。

　ケアマネはただでさえ激務な日常をこなしながらこれらの突発的事態に対応しなければならず、キャパシティオーバー気味の人も多いでしょう。特に、現場を取りまとめる上の立場になるほど、あらゆる出来事に意識を向け対処しようとするあまり、限界を超えてしまうことも考えられます。

　がむしゃらに、「出たとこ勝負」で対応するのは得策ではなく、できる限り発生している状況と全体像を正しく理解し、合理的な対応をすることが肝心です。本章では、そのような現場のハラスメントの実効的な対処法を説明します。

2 ハラスメントの種類

　ハラスメントには、大別して「内部のハラスメント」と「外部からのハラスメント」の2種類があります。

内部のハラスメント…職場関係者間で発生するハラスメントであり、経営者と従業員、上司と部下、現場従業員同士で発生するものです。

外部からのハラスメント…利用者や家族から職員に対するハラスメントを指します。

また、ハラスメントの具体的な種類として、**パワハラ（パワーハラスメント）**や**セクハラ（セクシュアルハラスメント）**、**マタハラ（マタニティハラスメント）**、**カスハラ（カスタマーハラスメント）** などが代表的です。

外部からのハラスメントの代表例であるカスハラは、利用者やその家族が、職員に対して行う不当な要求や言動を指します。

具体例として、「ケアが遅いことを理由に暴言を吐かれる」「自分の希望する時間にケアをしろと無理を強いる」「問題がないのに執拗にクレームを繰り返す」などが挙げられます。これにより職員のストレスが増し、業務に悪影響を及ぼします。

また、外部からのハラスメントにおける**セクハラ（セクシュアルハラスメント）は、利用者や家族による、職員への性的嫌がらせ**を指します。

「介護中に身体を不必要に触られる」「性的な冗談やコメントを言われる」「介護職員のプライベートに関する不適切な質問を繰り返される」などが典型的です。

❶ カスハラの詳細

介護現場のハラスメントは、「介護現場におけるハラスメント対策マニュアル」（株式会社三菱総合研究所、2022（令和4）年3月改訂）によると、次の3つに分類されます。

身体的暴力	身体的な力を使って危害を及ぼす行為
精神的暴力	個人の尊厳や人格を言葉や態度によって傷つけたり、貶めたりする行為
セクシュアルハラスメント	意に添わない性的誘いかけ、好意的態度の要求等、性的な嫌がらせ行為

　介護現場は、利用者と職員が身体を密着させたり近接したりするシーンが多いため、職員が利用者から身体的暴力やセクハラを受けやすくなります。ケアマネをはじめとする相談援助職は、利用者やその家族とのコミュニケーションの機会が多いため、**カスハラ（精神的暴力）を受けること**が比較的多いといえるでしょう。

　筆者の経験では、ハラスメントといえば先に挙げた「精神的暴力」が圧倒的に多く、「利用者、家族が職員のミスや至らなさを過度にとがめ立て、ターゲットにされた職員が疲弊する」というものが典型的です。

❷ カスハラの具体的事例

　介護現場で発生するカスハラの具体的事例としては、利用者、家族が「つきっきりで介助すべき」「転倒して怪我をしたのだから、職員は謝罪に来て、土下座をしろ」などと**何度も職員に無理な要求をしたり、感情的に怒鳴りつけたりするケース**が挙げられます。また、「説明が不十分だ」「対応が遅い」「手を抜いている」「高齢者を馬鹿にしている」などと繰り返しクレームを入れ、その際に感情が抑えられず「この役立たずが！」「それでもプロか？　辞めてしまえ！」といった言動がみられます。

　家族が職員に対して「自分たちの指示どおりにしない場合は、ネットのクチコミに低評価を書いてやる」などと圧力をかけることも、カスハラの一例です。

❸ クレームとカスハラの違い

クレームとカスハラは何が違うのでしょうか。最大の違いは「**正当な要求・主張が明確に存在するか**」というポイントです。クレームの元の意味は「正当な要求・主張」であり、カスハラは要求の根拠や理由がないことが違いの一つです。ただし、正当な根拠があっても、その伝え方が恫喝的であったり、あるいは執拗に繰り返したりする等、それ自体が迷惑・危険な行為であればカスハラとなります。

また、一見正論に思えても実は無根拠であったり、通るはずのない主張であったりする場合もあります。そのようなときはこちらから疑問を投げかけ、それに対し相手（利用者側）がどう反応するかで見極めるとよいでしょう。議論が噛み合っていればハラスメントとはいえませんし、相手が一方的に言い募るようであればカスハラと認定する可能性が高まります。まとめると、以下のような思考プロセスで状況を整理することができます。

図　カスハラと認定する思考プロセス

1 言い分が正当な主張と思われる場合は「クレーム」の可能性が高く、そうでなければ「カスハラ」の可能性が高い	➡ 不当な主張・要求であれば、応じられない理由を示し、話し合いを終わらせる
2 言い分が正当であっても、伝え方が恫喝的であれば「カスハラ」の可能性が高く、冷静・丁寧であれば「クレーム」の可能性が高い	➡ 正当な主張で伝え方が冷静・丁寧であれば、話を傾聴し、主訴を把握したうえでできる限り要望に沿う対応をする
3 言い分が一見正当と思われても、こちらが疑問を投げかけたときに議論が噛み合わない場合は「カスハラ」の可能性が高い	➡ 議論が成り立たないため話し合いを終わらせる

1、2については相手の主張内容や言動、態度をみれば一目瞭然ですが、3は検討の難易度がやや上がります。事例を見てみましょう。

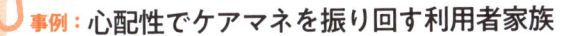

事例：心配性でケアマネを振り回す利用者家族

「母が熱っぽくて心配なんです。様子を見に来てください」と家族からケアマネに連絡がありました。平熱は36度だが、今日は36度8分あるとのことです。

第3章事例3−①（p.105）の事例と類似していますが、当該事例は「息が苦しい……目の前が真っ暗で苦しいの。助けて」との訴えがあり緊急性が認められます。一方、この事例は多少熱が高い程度でそこまでの緊急性は認められません。

そこでケアマネとしては「平熱より少し高いようで心配ですね。どうしても心配な場合は救急安心センター（#7119）に相談するといった方法もありますがいかがいたしますか。ケアマネの本来業務は他事業所等との連絡調整であるため、急な訪問等は対応できません」と説明しました。これに対し家族が逆上して「ケアマネのくせに利用者のことが気にならないんですか。薄情者！　前のケアマネはすぐ飛んできてくれましたよ！」などと言い募るようであれば、カスハラに分類される可能性が高まったといえるでしょう。

一方で、例えば家族の返答が「そのことは承知しています。ですが、母は昔から平熱が低く、ここまで上がることはめったにありません。救急車を呼ぶほどではないのだろうと私もわかってはいるのですが、心配で……」といったものであれば、この発言内容はカスハラとはいえません。**相手（ケアマネ）の言い分を受け止め、理解したうえで返答し、キャッチボールが成立している**からです。

その後どうするかはケースバイケースですが、結論として様子を見に

行かなかったからといってケアマネがとがめられる謂れ^{いわ}はありませんので、後日、家族がこの一件でケアマネをしつこくなじるといったことがあれば、「無理なことを要求している」ことになり、カスハラ認定へと傾く要因となります。

このように、相手方とのやり取りのなかで表れた反応や行動から、クレームかカスハラかを都度見極めていきます。ちょうどメトロノームの針が左右に揺れるようなイメージが近いかもしれません。結論を見出すのに時間がかかったり、判断がぶれたりするおそれもあるのですが、逆を考えると一つの事情を捉え、**カスハラといきなり断定するようなことは危険**です。慎重かつ冷静に判断していきましょう。

4 介護現場のカスハラの傾向と対策

介護現場と一口にいっても、さまざまな形態が存在します。大きく「訪問型」か「施設入所型」かで異なります。

❶「訪問型」のカスハラの傾向

個々の職員が利用者の自宅を訪問し、介護したり、施設や病院への送迎サポート等をしたりします。ケアマネもこちらに分類されます。通所介護（デイサービス）や短期入所生活介護（ショートステイ）などの、定住型でないサービスもどちらかというとこちらに分類されます。

　この場合、職員は利用者や家族が暮らす自宅を訪問するので孤立しやすくなります。サッカー等でいう「ホーム」か「アウェー」かでいえば、環境は常にアウェーなので、相手のほうが心理的に上の立場になりやすくなります。

　よくあるケースとしては、「3分も遅れてきた」「ドアの閉め方が雑だ」「挨拶の声が小さい」「自宅に入ったときに床を汚した」といった、**職員の一挙手一投足に対して過度な指摘をすること**が挙げられます。また、女性職員が単独で訪問や送迎をする際に、男性利用者や家族から身体を触られたり、性的な表現を用いた会話を故意にしたりするなどといった**セクハラも頻発**します。

　単身で現場に赴くので、いざというときにSOSを出す仲間がおらず、心細いということがあるでしょう。また、ミスをしていないのにしたと言い張られるなど濡れ衣を着せられたとき等に、仲間と連携し対処することが難しいといえます。このように職員が元々孤立しやすいからこそ、**連帯を意識すること**が鍵となります。

❷ 「訪問型」のカスハラ対策

　職員が単独訪問する先で起こるため、カスハラが発生してもその事実を本部に集約し、把握するのが難しいという問題があります。

1) 相談、報告できる環境を整える

　対策として、まずは職員に「嫌なこと、怖いこと、困ったことがあれば何でもすぐ報告してください」と繰り返し伝えることが重要です。組織内に**カスハラの相談窓口を設けること**がセオリーですが、「相談するのは心理的ハードルが高い」ということであれば、引っかかった出来事を「**報告**」してもらうだけでもよいでしょう。このように、職員に連帯を呼びかけて、離れていてもつながっている安心感を創出することが大切です。

2) 録音、記録に残す

　次に技術的な話ですが、カスハラの事実を**秘密録音により証拠化するこ**

とが効果的です。利用者や家族に断らず録音することは、証拠を残す行為であり、違法とはなりません。この点を誤解している人が多いので、「録音は護身術として広く認められる」と認識するとよいでしょう。

　録音が難しい状況でも、最低限起きた出来事を記録に残すことが重要です。その場合のポイントは、事実を事細かに記録することです。例えば「性的な表現を使った会話を求められた」といった抽象度の高い表現で記録せず、相手が使った言葉、その場の状況、日時、場所などを克明に記録したほうが、証拠能力が高くなり、いざ裁判になっても証拠として認められます。

　これらの証拠を記録したら、カスハラをした本人にカスハラをやめるよう申し入れをします。カスハラをする利用者が認知症である場合は、代わりに家族に事実を報告し、カスハラをやめるようお願いすることが考えられます。

　その際、大事なことは、いきなり契約解除を突きつけるのではなく「イエローカード」を出す（問題提起する）ことです。一度正面から注意をして、それでも改善の兆しがなければサービス提供の中止、契約解除の措置に進むことになります。

❸ 「施設入所型」のカスハラの傾向

　特別養護老人ホームや介護老人保健施設、認知症対応型共同生活介護（グループホーム）など入所者が施設に定住するタイプは、訪問型と異な

り、職員が現場に複数いるため、**チームで対処しやすい**という利点があります。一方で、このような定住型施設の最大の弱点は**「契約解除を実行しづらい」**ということです。法的には、カスハラを理由として契約解除をすること自体は可能ですが、問題は相手が解除に応じず、そのまま施設に残っているときです。その場合は、施設側が入所者に対し「居室明け渡し請求訴訟」を提起しなければなりません。入所者が認知症で後見人もついていない場合は、こちら側で特別代理人の選任を申し立てる必要がある等、手続きが大変煩雑であり解決まで何年もかかる場合もあります。

5 認定の問題——どこからがカスハラなのか？

　カスハラの現状、特徴や対策に関して解説しましたが、やはり難しいのは現場で問題が発生したときに正しく判断と対処ができるかどうかです。ここでは、筆者がよく相談されるカスハラに関する質問とその回答を紹介します。

❶ 何を言われたらカスハラになるのか？

　暴力やセクハラは、行動や言動が特徴的であり判断しやすいですが、精神的暴力に該当するカスハラはクレームと紙一重であったり、言われる側の受け止め方も影響したりするため、判断が難しいといえます。

　例えば、ミスをした職員に対し「何をやっているんだ！　それでもお前は介護のプロか！」等と家族からなじられたというケースを考えてみましょう。これをカスハラと捉える人もいれば、そうでない人もいます。

　人によって感じ方、捉え方は異なるので、どこからがカスハラなのかを判断しにくいところです。この場合は、「介護現場におけるハラスメント対策マニュアル」を基準に考えるとよいでしょう。

　そこには、カスハラ（精神的暴力）は**「個人の尊厳や人格を言葉や態度によって傷つけたり、貶めたりする行為」**と定義されています。「何をやっているんだ！」や「お前」といった発言は一般的感覚からすれば暴言や威

圧的言動に分類され、相手に対する蔑視があるといえます。

　本来であれば、利用者や家族は、自分が不満に思う点を具体的に指摘すれば済むことであり、あるいは「プロとしての自覚や技量が足りないのではないか」といった適当な言い換え・言い回しで事足りるはずです。そして、通常は本人ではなく管理者等の上司に苦情を言うところでしょう。

　したがって、「何をやっているんだ！　それでもお前は介護のプロか！」という発言は、職員個人の尊厳や人格を貶めるものといえ、先ほどの思考プロセスに照らせば「伝え方が恫喝的である」に該当し、カスハラに当たる可能性が高いといえるでしょう。

❷ カスハラをされたらどのように反応すべき？

　では、先のケースで、カスハラ（に該当すると思われる言動）を受けた職員はどのように反応すべきでしょうか。

選択肢1　「申し訳ございません」と謝罪する
選択肢2　無言でやり過ごす
選択肢3　「今のご発言はカスハラですよ」と指摘する

　どの選択肢であっても、業務終了後に上司や相談窓口に相談・報告することは共通しているでしょうから、カスハラを言われた次の瞬間の対応にフォーカスして考えます。

　3を選ぶ人は肝が据わっており、自分で問題に対処できる自信があるのでしょうが、現実にはめったにいないでしょう。やはり「**2**もしくは**1**を選んでしまう……」という人が多いものと思います。

　これは、組織全体でみれば、相手の発言を受け入れたと相手に思われることになり、ますます不適切な言動を増長することが懸念されます。だからといって、個々の職員に**3**のような毅然とした対応を反射的に求めることは荷が重すぎるでしょう。

そこで現実的な対策としては、まず相手を余計に興奮させないよう、その場では穏便に処理して、出来事をしっかり記憶しているうちに記録し、上司や相談窓口に報告するということを<u>マニュアル化する</u>のがよいでしょう。

それでは、「殴ってやる」「土下座しろ」等、危険が迫っているときはどうすべきでしょうか。この場合はやり過ごすことも困難なので、「これ以上は私には対応いたしかねます」と言い、その場を離れる（逃げる）べきであると考えます。身に危険が降りかかってからでは遅いので、<u>「逃げるが勝ち」</u>のマインドで臨むべきといえるでしょう。

❸ 何回目からがカスハラになるのか？

カスハラに該当しそうな言動があったとしても、何回目からカスハラと認定すべきでしょうか。通常の感覚でいけば、最初は大目に見ても二度、三度と続いたときは「仏の顔も三度まで」で問題視する……といったことになりそうです。

この点、理屈では<u>たった1回でも問題発言であればカスハラが成立</u>します。「執拗さ」も要件であると勘違いし「ある程度繰り返されないとカスハラとは認められない」と思っている人も多いようですが、そうではありません。

カスハラを受け、つらい思いをしている職員に「たった1回くらいで落ち込むな」とか「今回はまだ1回目だから大目に見て」というような反応（説教）を示してしまうと、職員は絶望してしまうでしょう。

現状では、何度目からカスハラと認定すべきかについて確たるメソッドや基準が定められているわけではないのですが、順当な方法でいえば、問題となる言動の内容、その言い方、言われたときの環境、これまでの経緯、発言をした理由等を<u>総合的に勘案し、悪質性が高いときにカスハラと認定</u>することになります。こうしたプロセスをカスハラ対策会議で進め、都度決定していけるとよいでしょう。

6 ハラスメントへの対処法 —— 予防から解除まで

　ハラスメントを放置することは百害あって一利なしであり、迅速かつ適切に対処する必要があります。ここでは対処法の一連の流れを解説します。

❶ 職員個人ではなく、組織全体で対処する

　ハラスメントを受けるのは職員個人である場合がほとんどですが、その対処は組織として行っていくことが重要です。カスハラ被害を受けた職員はすでに何らかのショックを受けている場合が多く、カスハラをした相手に接するのは心理的な負荷が高くなります。ましてやカスハラをする相手に対して警告をしたりするなどの余力はないといえるでしょう。

　職員一人ひとりは大事な戦力であるため、カスハラは個人の問題とせず、組織として対処する姿勢がまずは重要です。

❷ 利用契約時に業務範囲を説明する

　本書のテーマは「ケアマネの業務範囲の確定とグレーゾーンへの対応指針を明らかにすること」ですが、前章で繰り返し出たとおり、ケアマネの業務範囲を象徴する言葉が「連絡調整」です。このことを、重要事項説明書等に次のように追記し、契約の際、利用者、家族に説明することで、業務範囲についての理解を求めるとよいでしょう。

　＜ケアマネジャーの業務範囲＞
　介護保険制度上、ケアマネジャーの業務は居宅サービス計画の作成・他事業者等との連絡調整が主となります。
　ケアマネジャーがご利用者様・ご家族様の便宜のため、日常の雑務や見守り、日常的な電話による安否確認、買い物、外出支援等を代行することはできません。
　ケアマネジャーが、ご利用者様の通院に付き添ったり、送迎したりすることは、生命の維持にかかわるような緊急やむを得ない場合を除きできません。
　付き添い等が必要な場合は、訪問介護等の別サービスをご利用いただく必要があり

ます。

※同様に、ハラスメントに対する事業所としての指針も記すと予防になります。

＜ハラスメントの禁止＞

職員への次のようなハラスメントは固くお断りします。ハラスメント等により、サービスの中断や契約を解除する場合があります。当施設の快適性、安全性を確保するためにもご協力をお願いします。

① 身体的暴力…身体的な力を使って危害を及ぼす行為。
　　例：物を投げつける。叩く。唾を吐く。
② 精神的暴力…個人の尊厳や人格を態度によって傷つけたり、貶めたりする行為。
　　例：怒鳴る。威圧的な態度で文句を言い続ける。理不尽なサービスを要求する。
③ セクシュアルハラスメント…意に添わない性的誘いかけ、好意的な態度の要求等、性的な嫌がらせ行為。
　　例：必要もなく手や腕を触る。抱きしめる。卑猥な言動を繰り返す。

　上記のようにはっきりと「ハラスメントは許されない」旨を明記することで、契約後の発生を抑止することが期待できます。

❸ ハラスメントの事実を把握する

　ハラスメントへ対処するには、まずは**事実を把握すること**が必要です。被害を受けた職員から事実を聴取しなくてはいけません。しかし、ハラスメント被害の事実を集め、把握するのは容易ではありません。

　被害を受けた職員は、被害申告することに抵抗を感じる場合があるからです。上司からの評価や職場の目を気にして報告しない場合があります。例えば「自分の評価を下げられるのではないか」「自意識過剰だと言われるのではないか」といった不安が起こり、少々のカスハラであれば、黙認することを選ぶ人が出てくるのです。こうなってはカスハラ被害の事実すら正しく把握することができません。そこで、重要となるのが「ハラスメント相談窓口」です。

❹ ハラスメント相談窓口でカスハラ被害を把握する

被害を受けた職員からの報告や相談を広く収集し、ここに対処する**組織内の専用相談窓口**を設置します。人により捉え方、感覚は異なりますので、カスハラと直ちに断定できない事案等も「報告」として広く受けつけます。

また、窓口に寄せられる事例を整理・分析することで、事業所内で発生しやすいカスハラの内容、加害者の傾向などを知ることができます。これにより、事業所として**先手のカスハラ対策を打つこと**ができるようになります。

❺ ハラスメントの分析・認定

窓口で収集した相談内容に対し、放置するのではなく積極的に解決に向け、動く必要があります。委員会を設置する必要まではありませんが、窓口担当者がすべての責任を負って対応することは困難です。

経営者や役職者が集う場で議題として取り上げ、ハラスメントと認定するか、認定するとしてどのように対処していくか等を**組織として決定し、推し進めていく**のが理想的です。

特に契約解除、退去通告などの判断が必要となる深刻な場合は、相手側の反論も予想されます。困難な事態になりかねないので、さまざまな視点で対処を検討する必要があります。

❻ 行為者への申し入れ

　対応策を検討した後は、実際に**ハラスメントをした行為者に対して、再発防止を申し入れる**ことになります。被害を受けた当該職員ではなく、その上司に当たる人が、「このようなことで困っているので、以後はやめていただきたい」とハラスメントをする利用者、あるいは家族に話をします。

　このとき、いきなり契約解除や退去を伝えると、後々大きな問題となりかねません。まずはボールを投げて反応をみることが妥当ですが、**悪質な場合は申し入れ書を作成し、イエローカードとして警告をすることも考**えられます（p.199参照）。

　いずれにせよ申し入れたその場で収束ということは難しく、段階的に変化を見ていく必要があります。

❼ 事業所からの解除

　前述したとおり行為者へ申し入れ、イエローカードからスタートして、その後改善がみられない場合は、いよいよ**解除通知**を検討することになります。これは最終手段でもあるため、慎重に検討する必要があります。

1）解除通知の予告

　解除通知を行う場合は、それまでに発生している被害、警告しても改善がみられない現状を示したうえで、**最後まで建設的な話し合いを模索**しなければいけません。

　急な解除、即時退去を求めることは利用者の生活が立ち行かなくなり、場合によっては命を失う危険も発生しかねないため、できるだけ**早い段階で予告を重ねていく姿勢**が必要です。

2）解除の実施

　実際に解除通知を実行するときは、利用契約書における解除条項にのっとり、**解除の理由を明記して書面を提出する**ようにしましょう（p.200参照）。契約書に「書面により、30日前に申し入れる」と書かれている場

合は、そのとおりにしなければなりません。

　なお、引き継ぎ先事業所については「解除する事業所が見つけなければならない」ということはなく、地域の他事業所をいくつか紹介する程度で構いません。しかし、そのような引き継ぎの努力（必要な措置）を一切せず、地域包括支援センターに丸投げするといったことがあると問題になります。

　以上になりますが、ケアマネの場合は訪問診療や訪問看護等と異なり、サービスの中止、離脱によって、利用者の生命・身体に深刻な影響を及ぼすことはなく、解除による支援の終了が比較的容易であると筆者はみています。

　そのこともあってか、現場ではケアマネ個人が利用者側に口頭で「もう終わりです」等と伝え、そのまま自然消滅してしまう……ということもあるようです。これはケアマネに限った話ではありませんが、**契約書や重要事項説明書、そして、もちろん介護保険法令にのっとり、対応すること**がコンプライアンス（法令遵守）であり最低限求められることです。ハラスメントはもちろん許されないことですが、くれぐれも感情に任せて利用者を放り出すようなことがないようにしてください。

申し入れ書（イエローカード）の文例

令和　年　月　日

A　様
ご家族様　B　様

株式会社○○
代表取締役○○

サービス利用継続についてのお願い
冠省
　平素より弊所サービスをご利用いただき、ありがとうございます。
この度弊所のケアマネジャー（以下「ケアマネ」）に対し、以下のような言動がB様にみられたとのことで、失礼ながら現場職員らが対応に苦慮しているとの報告を受けました。

　もちろん職員の報告内容がすべて真実であるとは限らず、事実に反する点等がありましたらご指摘いただければと存じますが、これらが仮に事実であるとして、弊所としては今後B様に以下のことをお守りいただきたく、お手紙を出させていただきました。

1　ケアマネの助言や相談の申入れ等を理由なく拒絶せず、専門家の意見として一度は考慮いただくこと
2　ケアマネに対し、自身のケア方針に無条件で従うよう要請しないこと
3　ケアマネに対し「仕事をさぼっている」等、ハラスメントに該当するような言動をとらないこと
4　ケアマネに対し、「お前」「手前」等と乱暴な呼称を用いて呼ばないこと
5　A様のところだけ優先してサービスに入ることや、特に手厚いサービスを求めることをしないこと
　私どもの業務はあくまでご利用者様の自立した日常生活の支援にあるため、その関係者であるご家族様とは、同じくご利用者様を支える立場としてケアマネと対等な関係を前提としてお話できなければ、業務が成立いたしません。その点をどうかご理解賜われればと思います。
　前項以外にも遵守いただく必要が認められる事項があれば、また改めてお願いすることもあろうかと存じますが、利用契約に基づく相互の信頼関係を維持するためにも、ご協力のほどよろしくお願い申し上げます。

草々

契約解除の通知の文例

A様　ご家族様（B様）

株式会社○○

冠省

　平素よりA様におかれましては弊所の居宅介護支援サービスをご利用いただき、ありがとうございます。しかし、この度誠に遺憾ながら以下の理由により、弊所より本サービスの利用契約を契約書第○条第○項に基づき解約させていただきたく、ご連絡いたしました。

　同条項記載の「利用者に対して適切な介護サービスを提供することが困難である」と認められるB様による言動は以下のとおりです。

1　利用開始以来、担当ケアマネジャーの助言や相談の申入れ等を理由なく拒否し、ご自身のケア方針に無条件で従うよう、サービス担当者会議等において繰り返し強く求められたこと。

2　ハラスメントに相当すると思われるご家族様の発言等

　　利用開始以来、担当ケアマネジャーに対し「お前」等と呼びかけたこと。

　　○年○月○日、サービス担当者会議において新たに導入したリハビリの経緯について説明を行うが、ご本人の強い拒否により訓練ができていないことについて、「お前はそれでも介護のプロか、恥ずかしいと思わないのか」と発言されたこと。

　該当する言動は上記に限られませんが、主に上記事象を理由として○年○月○日、弊所はB様をお訪ねし上記言動に相当する行為を控えていただくようお願いしました。ところがB様は「自分はそんなことは言っていないし、していない。いい加減なことを言うようならブログにも書いて晒してやる」等と返答され、そのため弊所としては、B様が改善される見込みはないものと判断せざるを得ませんでした。

　したがいまして誠に遺憾ではありますが、本利用契約を○年○月末日付で解除させていただきます。つきましては、同日までに次の引継ぎ先となる事業所選定等のご準備を進めていただけますようお願い申し上げます。その際、弊所としてもできる限りの協力や引継ぎはさせていただきますので、ご要望等あれば管理者○○までお知らせください。

　以上、突然のお知らせとなり恐縮ですが、事情をご理解いただきますよう、よろしくお願い申し上げます。

草々

　ここまでお読みいただいて、どのような感想をもたれたでしょうか。「理屈はわかるけれど、現実にはそう簡単に利用者の依頼を断れない」といった思いや、「この場合はどうなのだろうか」といった疑問が湧いてきたという方もおられることでしょう。

　本書はあらゆる事象やトラブルを網羅したものではありませんので、根本となる考え方、判断基準をまずは身につけていただき、未知の問題についてはそこから応用として対処いただければと思います。
　いずれにせよ、大切なことは「何が利用者のためになるのか」「これはケアマネとして当然担うべき業務なのか」と自問自答し続けることであると考えます。

　厚生労働省の「ケアマネジメントに係る諸課題に関する検討会」の中間整理でも示されたように、ケアマネの業務範囲外である雑務は多々存在します。そしてそれらは、社会福祉協議会や民間業者、シルバーサービスなど他所に委託する先が想定されます。
　そうした他機関、サービスにうまくつなぐには、問題に直面してから動くのではなく、できるだけ早い段階でトラブルを予知し、先回りして手を打っておくことがポイントになります。そのためにp.178〜179の先読みチェックシートもお役立てください。

　ケアマネの皆様の働きにはいつも感服し、ここまで利用者や家族のことを深く考え、動かれることに敬意を抱いています。皆様の働きがこれからもずっと維持され、地域の高齢者世帯が安心して暮らせることを祈っています。

介護・福祉系弁護士　外岡　潤

編著者

外岡　潤（そとおか　じゅん）

弁護士法人おかげさま代表弁護士
（第二東京弁護士会所属）
ホームヘルパー2級、ガイドヘルパー、
保育士、レクリエーション介護検定2級
など

【略歴】
東京大学法学部卒。平成21年、介護・
福祉系のトラブルに特化した法律事務
所「おかげさま」を開設。財団法人介護
労働安定センター雇用管理コンサルタ
ント。平成24年より一般社団法人介
護トラブル調整センター代表理事。令
和4年、法人化により名称を「弁護士法
人おかげさま」に変更。

【主な著書】
・「弁護士外岡潤が教える　親の介護
　で困った時の介護トラブル解決法」
　本の泉社、2023年
・「60分でわかる！　障害者総合支援
　法超入門」技術評論社、2023年
・「介護トラブル相談必携〔第2版〕—基
　礎知識からメディエーションによる
　解決法まで」民事法研究会、2021年
・「実践　介護現場における虐待の予
　防と対策—早期発見から有事のマス
　コミ対応まで」民事法研究会、2020
　年
・「認知症になった親の財産と生活を
　守る12のメソッド」日本法令、2018
　年
・「『知らなかった』はもう許されない
　個人情報保護法○と×」メディカ出
　版、2017年

流山市
介護支援専門員連絡会

千葉県流山市とその近隣で活躍してい
る介護支援専門員を応援している組
織。主な活動として、①会員のための
研修会、②介護支援専門員のスキル
アップ支援、③流山市との連携協力等
が挙げられる。

高﨑　慎太郎

流山こまぎ安心館　主任介護支援専門
員

髙村　友紀

株式会社楽楽館介護の相談室　主任介
護支援専門員

松並　香

東葛病院付属診療所　主任介護支援専
門員